GTB
Gütersloher Taschenbücher
1084

Janusz Korczak

Von Kindern und anderen Vorbildern

Mit einem Vorwort von Peter Härtling

Neubarbeitet und herausgegeben
von
Erich Dauzenroth

*Aus dem Polnischen und Englischen von
Ilse Renate Wompel, Barbara Bayer-Faber
und Zenon Weigt*

4., völlig neu bearbeitete Auflage

Gütersloher Verlagshaus

Die Deutsche Bibliothek – CIP-Einheitsaufnahme

Korczak, Janusz:
Von Kindern und anderen Vorbildern / Janusz Korczak.
Mit einem Vorw. von Peter Härtling. Neubearb. und herausgegeben
von Erich Dauzenroth. Aus dem Poln. und Engl. übers. von
Ilse Renate Wompel und Barbara Bayer-Faber. –
4., völlig neu bearb. Aufl., – Gütersloh: Gütersloher Verl.-Haus, 2001
(Gütersloher Taschenbücher; 1084)
ISBN 3-579-01084-0

ISBN 3-579-01084-0
4., völlig überarbeitete Auflage 2001
© Gütersloher Verlagshaus, Gütersloh 1978

Umschlaggestaltung: INIT, Bielefeld
Satz: Weserdruckerei Rolf Oesselmann GmbH, Stolzenau
Druck und Bindung: Clausen & Bosse, Leck
Gedruckt auf chlorfrei gebleichtem Werkdruckpapier
Printed in Germany

Besuchen Sie uns im Internet: http://www.gtvh.de

Inhalt

Die Lüge des Doktor Korczak

Von Anna Kamieńska

Geben Sie zu Herr Doktor Sie haben Ihre Kinder belogen
Ihre zweihundert Kinder belogen
und danach haben Sie sich entschlossen bis an das Ende zu
lügen
das heißt bis zur Rampe und noch viel weiter
und wenn das möglich gewesen wäre hätten Sie bis in das Ohr
des Todes
den Kindern den Segen Ihrer Lüge geflüstert

Es stimmt Sie konnten nicht anders
dieweil die Wahrheit tödlich geworden war
die Welt des Lichts
war für die Kinder bereits verboten
so wie ein allzu wahrheitsgetreuer Film
eigentlich hatte sich diese Welt um etliche Grade gedreht
so daß die Wahrheit zur Lüge wurde
die Lüge aber welche die Wahrheit hätte sein müssen
hatte bei Ihnen im jüdischen Waisenheim Unterschlupf
gefunden

Vielleicht hatten Ihre Kinder etwas erraten geahnt
Ihnen sind manchmal die ruhelosen Blicke wohl aufgefallen
die Blicke von Mosche vielleicht von Abrasch der war so
gescheit
der kleine Mendel hatte im Traum geweint
der verborgene Glanz von Greisen war ihren Gesichtern eigen
das Sterben hatten Sie schließlich seit langem von Ihren Kindern
gelernt

Sehen Sie nur Herr Doktor
das ist Ihre Schrift
das heilige Buch der Kinder
da treten sie aus der neuen Bibel hervor
das kleine Romchen und Rachel und Ruth
Klein David Siggi Aaron und Jakob
aus diesem Buch aus dem biblischen Land
aus dieser Lüge die Wahrheit gewesen war
immer nur unterwegs
mit dem Bündel
dem Hungerfladen

aus diesem ungesäuerten Teig heraus
aus dem Leib
aus dem altertümlichen Blut
aus der Liebe
der Mühsal
aus diesen verbrannten Verzeichnissen ihres Wachstums und
ihres Gewichts

aus diesem Leid
aus diesem Wachsein
aus diesem Tod

Und hier wie still ist es hier geworden nach ihrem Schrei
nach dem Weinen
wie still dieser Schlachthof der Kinder ist
diese Erde die Erde
Herr Doktor

Deutsch von Karl Dedecius

Vorwort

Für Korczak
Von Peter Härtling

Ich bin sicher, Janusz Korczak hätte an ihm sein Vergnügen gehabt. Nicht, weil der zwölfjährige Bub aus dem »König Macius I.« vorlas, sondern weil er so auftrat, als sei er Korczaks pädagogischer Phantasie entsprungen. Eine Tortur lag hinter ihm: er hatte vorgelesen in der Schule, in der Stadt, im Kreis, im Land, war stets als Bester gefeiert worden, ein Paradepferdchen des »Zwanzigsten Vorlesewettbewerbs«, und nun stritt er mit den »Landessiegern« um den »Bundespreis«, stellte sich in einem schönen, lichten Gartensaal, aus dem man aufs Frankfurter Goethehaus schauen kann, einer Jury, die − hellhörig − werten und entscheiden mußte. Er gewann. Er überzeugte durch sich selbst, überrumpelte alle mit seiner Arglosigkeit, seiner heiteren Neugier und einer ans Herz rührenden Selbstversunkenheit. Er hatte sich nicht dressieren lassen, war der Prozedur gewachsen.

Als er, nach dem Vorlesen, gefragt wurde, ob er wisse, wer denn Janusz Korczak gewesen sei, traf er mit zwei zögernd formulierten Sätzen das Publikum. Ja, antwortete er, Korczak habe Bücher geschrieben, aber vor allem sei er Arzt gewesen, der für jüdische Waisenkinder in Warschau ein Waisenhaus gebaut habe. Als die Kinder in ein Konzentrationslager gebracht wurden, sei er, obwohl das nicht von ihm verlangt wurde, mit ihnen gegangen und mit ihnen ermordet worden.

Der Junge sagte: Korczak habe ein Waisenhaus *gebaut*, und fand so, voller kindlicher Teilnahme, eine Formel für das Handeln dieses großen pädagogischen Einzelgängers. Er baute tatsächlich Nester, Zufluchtshöhlen, Traumhütten, Wolkenkukkucksheime und wärmte sie alle mit seiner Zuversicht und seinem Wirklichkeitssinn auf. Er, der Menschenfänger und Menschenhüter, sammelte die verwahrlosten, elternlosen Streuner auf den Straßen Warschaus ein und hütete sie, ohne sie einengen, über sie bestimmen zu wollen. Sein Konzept war die Offenheit des Lebens: er betrachtete es als einen Entwurf, an dem jeder einzelne ohne Zwang, doch ernsthaft arbeiten sollte.

Ich weiß nicht, ob Korczak, der sich der Unmenschlichkeit opferte, um ihr im Namen seiner Kinder zu entgegnen, nicht doch noch zu verlieren droht. Unsere Zeit gibt gedankenlos preis, was er mühevoll errang. Er hat mit den Kindern aufbegehrt, »diesem revoltierenden Stamm«, »der nicht weiß, was er mit der kürzlich gewonnenen Freiheit anfangen soll«. Bis zu seinem Ende schrieb er an ihrer, der Kinder Unabhängigkeitserklärung. Sie liest sich einfacher und anders als alle vergleichbaren und doch nie von uns erfüllten Deklarationen. Sie meint eine Würde, die Fehler und Mängel einschließt, eine Offenheit, die nicht von Leistungswahn und Anpassungszwang gepreßt wird, eine Liebe, die sich nicht für ausschließlich hält, eine Nähe, die auch den Abstand kennt. Sie hält fest an einem Anfang, in dem sich alles entscheidet: Leben und Zusammenleben.

Kehrte er wieder, dieser rigorose Kinderfreund, holte er von neuem die Aufgegebenen zu sich, redete, schrieb und eiferte er wie einst – er würde, ich zweifle nicht daran, bei uns und anderswo auf heftigen Widerstand stoßen. Denn er wäre ja nicht nur ein Denker, er wäre ein ganz und gar unbelehrbarer Täter. Wie damals zöge er aus seinem Handeln seine Lehren. Ein Gefährlicher, eine sokratische Natur. Sein Zorn wäre übermächtig. Was bekäme er denn zu sehen? Kinder, die Wohlverhalten, Anpassung, Prestigegedenken üben, die von klein auf ihren Besitzstand wahren und, mehren müssen; Kinder, die von Armut verkrüppelt werden und an ihr zugrunde gehen; Kinder, denen Vorurteile und Haß in die Köpfe gebrüllt werden und die sich mit der Waffe in der Hand gegen andere Kinder wenden; Kinder mit Uniformen am Leib und mit Dogmen im Kopf.

Die Erwachsenen, Korczaks mögliche Schüler, haben den Sieg über seine Lehre davongetragen. Sie feiern ihn in großen Reden und betrügen ihn mit jedem Satz. Wie klagte er? »Die Kinder bekommen fast keine Luft in diesem brutalen, kalten, künstlichen Leben, das ohne jegliche Illusion und Poesie ist.« Das ist so wahr wie vor vierzig Jahren. Nur wird heute versierter mit den Surrogaten von Poesie und Illusion gehandelt. Selbst mit den Surrogaten von Natur, worauf Korczak noch nicht kommen konnte. Die Erfolge sind beträchtlich. Man beginnt an die Formeln des gemeinsamen Überlebens zu glauben und die Brutalität rundum bekommt ein Polster. Die Kinder aber bleiben auf der Strecke. Sie belasten den Wohlstand oder offenbaren die Armut.

»Ein Rosenkranz des Unrechts – wo ist sein Anfang?« fragte sich Korczak. Er gab sich, tätig, die Antwort. Sie ist radikal und für uns schwer zu ertragen. Der Mensch kommt mit reinen Gaben und ungekrümmt zur Welt. Nun soll er sich früh krümmen, um ein Häkchen zu werden. Da die größeren Haken sich nur Häkchen vorstellen können. Welcher Anstrengung bedarf es für ein Häkchen, aufrecht zu stehen. Oder, im Sinne Korczaks zusammengefaßt: In dem Sprichwort drückt sich die Erfahrung des Menschen gegen die Idee vom Menschlichen aus. Zynisch wendet sich die Praxis gegen die Gesinnung. Korczak rannte gegen das an, was sich als Lebenserfahrung ausgibt und nichts ist als ein Vorwand für Unterdrückung. Natürlich lernten seine Kinder auch. Doch sie lernten nicht die Gewalt. Sie lernten die Kraft und den Schutz. Sie lernten nicht zuerst die Strafe, sondern in der Gemeinsamkeit das Abwägen von Recht und Unrecht. Sie lernten nicht Vorteil und Nachteil, sondern teilen. Sie lernten nicht Haß und Neid, sondern Zuneigung und Hilfe. Das sind Begriffe, die in Sonntagsreden unaufhörlich erscheinen. Korczak hat sie *erprobt*. Auf eine solche Probe käme es an.

Ich möchte, um Korczak nicht allein zu lassen und auch um mich selbst zu ermutigen, die Sätze und das Wissen des jungen Vorlesers durch einen Hinweis ergänzen. Wie Korczak, der mit seinen Kindern in die Gaskammern von Treblinka zog, nahm auch eine unbekannte Frau diesen hilfreichen und tödlichen Dienst auf sich.

Ottla, Franz Kafkas Schwester, begleitete freiwillig einen Kinderzug von Theresienstadt nach Auschwitz und starb mit ihren Schützlingen. Sie steht für manchen Namenlosen, der, wie sie, wußte, daß man den Arglosen nie, und sei es vorm Ende, die Hoffnung auf den aufrechten Gang rauben darf.

Einleitung

»… Es ist mir besonders angenehm zu erfahren, daß auch der Anstoß, den der Pädagoge Janusz *Korczak* gegeben hat, so fruchtbar aufgenommen worden ist …«, schrieb der Primas von Polen Stefan Kardinal *Wyszyński* in einem Brief vom 10. Oktober 1978 an die Verfasser dieser Zeilen. Die Anerkennung des Eifers für *Korczak* (1878–1942), der letztlich den Sinn hat, »Menschlichkeit wachzurufen« (Eugen *Kogon* in der fiktiven Meditation *Korczaks* »Mit den Verlorenen gehen«, 1979), bezieht sich auf die zwanzig Jahre, seit Erwin *Sylvanus* mit seinem Stück »Korczak und die Kinder« (1957) den »Doktor von Krochmalna«, den »Vater fremder Kinder«, den »Lehrer von Warschau und Treblinka«, den »Pestalozzi aus Warschau« literarisch auf die Bühnen der Welt gebracht und die Einlassung mit *Korczak* in Deutschland eröffnet hat.

Wer nach der Chronik sucht, lese Joseph *Arnon*, Igor *Newerly*, Stefan *Wołoszyn*, Aleksander *Lewin*, Hanna *Mortkowicz-Olczakowa*, Betty Jean *Lifton*, Maria *Falkowska*, Alicja *Szlązakowa*, Joe *Hyams*, Alain *Buhler* – auch Friedhelm *Beiner*, Michael *Kirchner*, Wolfgang *Pelzer*, Erich *Dauzenroth*. Ihre Versuche und Mitteilungen verdichten sich zu einer großen pädagogischen Biographie unseres Jahrhunderts.

Das Zentenarium 1978, das Internationale Jahr des Kindes 1979, das von der Generalversammlung der Vereinten Nationen einstimmig angenommene *Übereinkommen über die Rechte des Kinde* (1989), der *Weltgipfel für Kinder* 1990 in New York – dies alles hat neuerlich dazu beigetragen, *Korczaks* Namen, seine Botschaft, seine Symbolkraft noch aufmerksamer zu vernehmen.

Der neuerwachte Eifer für das Kind im vielzitierten *Jahrhundert des Kindes* (Ellen Key) gebar allerorten Eilfertiges, Leichtfertiges, Unausgegorenes, Unverantwortliches. Darum ist Orientierung an *Korczak*, Einlassung mit *Korczak*, Kurskorrektur in vielerlei Hinsicht. Nach den mit viel Dank aufgenommenen Essays unter dem Titel *Verteidigt die Kinder* (Gütersloh 1978), inzwischen auch in Korea erschienen (Seoul 1999), erzählt der vorliegende Band *Von Kindern und anderen Vorbildern*.

Es sind versammelt, erstmals in deutscher Sprache, Notizen, Skizzen, Miniaturen des Erzieher-Poeten, des Arztes Dr. Janusz *Korczak*, Wegweisungen mit Seitensprüngen, Fragen – nicht Antworten. Sie erschienen fast alle in Warschauer Zeitschriften 1900-1935. Historische Parallellektüre, Warschau, Polen betreffend, hilft zum besseren Verständnis. –

Andreas *Mehringer*, der 1978 mit dem *Preis der Deutschen Korczak-Gesellschaft* Geehrte, sagte in seiner vielzitierten Rede »Janusz *Korczak* und die andere Pädagogik oder: Kinder wären so leicht glücklich zu machen«: »... Von der wissenschaftlichen Literatur, auch von unseren teuren Forschungsinstituten, wurde die Sache des Kindes in letzter Zeit kaum vorangebracht. Im Gegenteil: Sie enthält – was nur übertrieben Wissenschaftsgläubige nicht mehr sehen – in Wirklichkeit selbst schon viele kinderfeindliche Elemente. Ein Grund dafür dürfte dieser sein: die Kinder selbst sind weit weg (und wenn vorhanden nur noch als Testobjekte). Wem es schwerfällt, Fachliteratur zwischen Modetrend und wirklichem Gehalt für die Sache des Kindes zu unterscheiden, für den gilt immer wieder der Rat: An ihrer Sprache werdet ihr sie erkennen ...«

Korczak war frei von der sogenannten Wissenschaftssprache und von Modevokabular; wohltuend in einer Zeit »banaler Phrase« und kalter intellektualisierter Jargonpädagogik. Die akademische Pädagogik hat sich viele Wege zum Kind verbaut; sie weiß nichts von den Gefühlen, sie ist des Mitfühlens unfähig geworden. Dazu muß man ja auch »die Ansichten der Schulmeister, der Dienstboten in den Waisenhäusern, der Aschenputtel der Kinderpflege, nicht nur die Meinung der Stabsoffiziere berücksichtigen ...«, sagt *Korczak*. Dazu muß man, wie er beispielsweise, im barocken »Sächsischen Garten« in Warschau zwischen mythologischen Gestalten und Springbrunnen auf einer

Eisenbank nächtens vertraulich mit einem Zeitungsjungen reden können; dazu muß man das »kleine Weinen in der dunklen Nacht« hören und begreifen, »daß normaler Stuhlgang eines Säuglings einer künstlerischen Sonate wert ist, daß beschmutzte Windeln ebenso ästhetische Eindrücke vermitteln können wie ein Bild auf einer Frühlingsausstellung …«

Korczak hatte keine Angst, vom Frühling, der Sonne, der Sehnsucht, der Liebe zu schreiben. Wer aber hinter diesen Vokabeln einen romantischen Träumer wittert, wird aufgeschreckt, denn in dieser Sprache läßt sich kraftvoll streiten gegen »die Faust, Drohung, Spott, Belästigung, Falschheit, nichteingelöste Versprechen, Geringschätzung, Kriecherei, lügnerische Phrasen … womit wir die kindliche Seele zerstören«. *Korczak*, der in seinen Kinderhäusern *Dom Sierot* und *Nasz Dom*, in den Sommerkolonien, den Streit an der Schaukel zu schlichten hatte, an den Betten seiner Schützlinge den Erziehern »die Symphonie des Atmens des schlafendes Kindes« deutete, diesem Mann hatten die Lehrstuhlinhaber und Kanzel-Prediger für Erziehung nicht viel zu sagen. Für »allgemeine Formulierungen bin ich nicht zuständig …«, sagte er, und so bleibt es trotz dreißigjährigen Messens und Wiegens dabei: »Der Unterschied zwischen der weißen Karte des Nichtwissens der Allgemeinheit und meiner ist der, daß meine Karte Fragen ohne Antworten enthält«.

Im Jahre 1921 erschien *Korczaks* Essay *Der Frühling und das Kind*, zwei Jahre nach Entstehung des neuen Staates, der für die Polen »die Erfüllung jahrzehntelangen Sehnens und Strebens« *(Rhode)* war. Im Titel ist diese Rarität an Maria *Konopnickas* Kinderbuch *Der Frühling und die Kinder* (Warszawa 1890) angelehnt. Die melancholischen Blätter geben Einblick in das ruhelose Herz, das Wohlwollen empfindet für alles, was Frühling ankündigt.

Ausgehend von den Erinnerungen an den I. Weltkrieg, als *Korczak* den Waffenrock tragen mußte – »Ein Bild: ein zerstörtes Haus, eine verrußte Wand, etwas überdacht, ein wenig Putz. – An den verkohlten Balken hängt eine aus Stacheldraht gefertigte Schaukel: statt des Sitzes – die auf Draht gezogene Hülse – eines Artilleriegeschosses. Und ein Kinderlachen, laut und übermütig auf der Brandstätte … Ein Symbol …«– skizziert er Trauer und die Hoffnung auf einen neuen Morgen, an dem der Mensch »sich nicht nur mit dem Menschen verständigen wird, nicht nur der Weiße mit dem Schwarzen, der Reiche mit dem Armen, der Mann mit der Frau und der Erwachsene mit dem Kind – sondern auch mit der Sonne und den Sternen, dem Wasser und der Luft, mit der weißen Birke und dem Maiglöckchen, mit dem Hund und der Lerche …« und wo vor jedem »Sonderling und Rappelkopf, jedem Frechdachs und Clown« Achtung garantiert ist.

Korczak sah, daß wir nicht nur im Zeitalter der Elektrizität, sondern auch des Kannibalismus leben, daß der »Homo rapax« die Blütenträume nicht reifen läßt. Man lese *Korczaks* düstere Humoreske *Senat der Verrückten* von 1931! – *

»Der Mensch ist gut, aber oft versteht er nichts, oder es geht ihm schlecht, oder er muß so handeln, weil er nicht anders kann«, bekennt der realistische Träumer verzeihend.

Korczak wies oft darauf hin, daß ein Drittel der Menschheit Kinder sind (auch von der Hälfte spricht er): »Von den Erträgen und Reichtümern der Welt gehört ihnen ein Drittel – und dies zu Recht und nicht aus Gnade …«

Als Dr. *Korczak* einmal in einem Gespräch mit einem Richter auf dieses »Drittel-Recht« zu sprechen kam, antwortete dieser verblüfft: »Wissen Sie, das ist für mich neu. Ich habe noch nie daran gedacht, daß Kinder auch Bevölkerung sind …« –

Es ist bekannt, daß *Korczak* seit er *Warschauer Elend* (Nędza Warszawy, Warszawa 1901), die *Kinder der Straße* (Dzieci ulicy, Warszawa 1901), die »Pflastertypen« (Tadeusz Kończyc) aus dem »Milljöh« die »verwahrlosten, hungrigen und schmutzigen Kinder … mit denen man im Hof nicht spielen darf …« kennengelernt hatte, für diese »Bevölkerung« eiferte und die Medien seiner Zeit nutzte, denn »die laute Stimme der Pädagogen sollte in Schlössern, Bürgerhäusern und Bauernhütten gehört werden …«

Die Kinder waren in seinen traurigen Augen eine »unterdrückte gesellschaftliche Klasse«, ein »Sklavenvolk«, Schüler der »Schule des Todes« und des »Monds«, die »jüngsten Arbeitnehmer« unter dem Szepter des »preußischen Rohrstocks« die

»schönsten und glücklichsten Jahre in sinnloser Erstarrung« auf Frühling, auf Reform wartend. Dabei sollte die Schule »eine Schmiede sein, wo die heiligsten Losungen ausgestemmt werden, alles, was Leben bedeutet, sollte von dort kommen – sie sollte am lautesten nach den Menschenrechten rufen …«

Abhold der »banalen Phrasen« verpflichtete sich *Korczak* inniger den Dichtern und Schriftstellern, als den Rednern aus der pädagogischen Fakultät, aber bester Ratgeber und erster Erzieher des Erziehers wurde für ihn das Kind. Das Kind war nicht nur das »Buch«, aus dem die pädagogische Lektion gelernt werden sollte, es war Mitarbeiter an der Konzeption einer neuen Erziehung, die »bestmögliche Ergebnisse bei geringster Verletzung der Menschenrechte« erhoffte. Für dieses Konzept, das nicht durch Fußnoten-Literatur in die Zeit gerufen wurde, nutzte Dr. *Korczak* literarische und journalistische Formen.

Wenn wir daran erinnern, daß *Korczak* für und mit seinen Kindern fabulierte, daß Jurek und Haneczka, Szlomo und Rifka Vater *Korczak* mit ihren Phantasien noch überflügelten, dann werden folgende Briefe verständlich:

»Lieber Herr *Korczak*!

Vielleicht erinnern Sie sich an das Mädchen, das im vorigen Jahr als Patientin bei Ihnen war. Jetzt bin ich gesund und habe den *Promyk* abonniert, der mir sehr gefällt. besonders die Romane ›Mośki, Jozki und Srule‹ und jetzt ›Jozki, Jaśki und Franki‹. Ich war auch bei Ihrer letzten Lesung und bin Ihnen für Ihre Romane und auch für die Lesung sehr dankbar. Ich liebe Sie wie meinen eigenen Papa. Bitte antworten Sie mir im *Promyk*. Warszawa, den 29. Oktober 1909 Róża Weinthal

Antwort für Róża W.

Róża, wenn Dir die Erzählungen über die Sommerkolonien so gut gefallen, dann heißt das, daß Du nicht mich liebst, sondern die Kinder, die mir ›Mośki‹ und ›Franki‹ diktiert haben. Solange Du sie nicht gekannt hast, waren sie Dir fremd und gleichgültig, heute sind sie Dir nah und lieb. Sonst müßtest Du ja auch den Fotografen lieben, dem Du das Bild von der Hütte von Bartyzek verdankst, und den Setzer, der die Lettern des Romans gesetzt hat und alle die Leute, die Du noch nicht kennst und darum auch nicht lieb haben kannst. Wenn Du größer bist, verstehst Du das besser.

J. K.«

Korczaks Brieftausch mit Róża zeigt seine Kunst, schwierige Zusammenhänge auch kleinen Kindern in Grundzügen deutlich zu machen, er bestätigt auch unsere Gewißheit, daß das, was Erika *Kumm* einmal des »Sieg der Phantasie in der Erziehung« genannt hat, nicht allein der Traumkraft *Korczaks* entsprungen ist, sondern zum beachtlichen Teil dem »Diktat« des Kindes, der Kinder. Man darf davon ausgehen, daß unzählige Szenen, Bilder, Abenteuer und Träume in *Korczaks* Kinderbüchern aus dem fabulierenden Umgang des Doktors mit seinen Kindern entstanden sind. Dies gilt für *König Maciuś I.*, für *Kajtuś, den Zauberer*, für die Kinder des *Ruhm* und für die Genannten und Namenlosen der Sommerkolonien. Für sie alle stehe Aaron *Najmajster*, von dem *Korczak* sagt: »... keiner kann so spannend erzählen und keiner weiß so viele traurige und schreckensvolle Märchen ...«

Korczak schuf 1926 diesen »Diktaten« des Kindes ein eigenes Forum, die *Kleine Rundschau* (Wochenbeilage der Zeitung *Unsere Rundschau*), eine Zeitung für Kinder durch Kinder. Aus ihr sind einige polnische Literaten hervorgegangen; sie debütierten in der *Kleinen Rundschau*.

Zur Eröffnung des einzigartigen Unternehmens schrieb Janusz *Korczak*: »Drei Redakteure sind vorgesehen. Der eine ist schon alt, Kennzeichen: Glatze und Hornbrille, aber er hat auch Erfahrung. Einer ist jung, sehr jung sogar, er schreibt, was Jungen wissen wollen, und Nummer 3 ist ein junges Mädchen, das weiß, was Mädchenherzen höher schlagen läßt. Und dieses Triumvirat hat beschlossen, kein Blatt vor den Mund zu nehmen; es wird gewissenhaft berichten, was ihr wissen wollt, was man verbessern kann; es wird von euren Sorgen und Nöten erzählen.«

Korczak vertrat keine »momentanen konjunkturbedingten Ansichten«. Außerhalb von wissenschaftlichen Schulen und politischen Parteien stehend, war er Stein des Anstoßes – anstößig, daß er es auch heute nicht leicht hätte, die Leitung eines Kinderhauses übertragen zu bekommen – eine Professur für Erziehungswissenschaft? Mit freundlichen Voten würde man ihn von Fakultät zu Fakultät weiterreichen, »ein gutes Talent zwar, aber quasi ›unehelich‹ aus der Pädagogik hervorgegangen ...« (*Newerly*). –

Korczak war Jude,

Korczak war nationaler Pole.

Sein Abschiedswort für die Zöglinge, für ihre »lange und weite Reise«, die Leben heißt, war der Wunsch: »Sehnsucht nach einem besseren Leben«: »Vielleicht wird Euch diese Sehnsucht zu Gott, zum Vaterland, zur Liebe führen«. –

Die nun folgende Botschaft kommt aus der tristen Krochmalna in Warschau. –

Laßt Euch nicht mit *Korczak* ein,

seine Sache ist unbequem.

Erich Dauzenroth   *Adolf Hampel*

Die Kindheit
ist das gemeinsame Schicksal
aller Kinder.

Kinderbilder

Je mehr ein Kind die Freiheit genießt,
desto weniger muß es bestraft werden.

Schweigen ist manchmal eine Tat der höchsten Aufrichtigkeit.
Das Kind ist aufrichtig, wenn es nicht antwortet.
Es antwortet nicht, weil es nicht lügen will, da es
die Wahrheit nicht sagen kann; es antwortet nicht, weil es
nicht einverstanden ist, weil wir von ihm etwas fordern,
das es nicht geben will oder kann.
Schweigen ist Ausdruck der Auflehnung gegen die Lüge.

Ein geschlagenes Kind trägt Spuren der Folter.

Ein kleines Weinen in der dunklen Nacht

Nacht.

Halbdunkles Licht der blauen Lampe.

Sie schlafen.

Stille.

Nacht.

Der Atem von fünfzig Kindern.

Er hat Zahnschmerzen. Lange kämpft er mit dem Schluchzen. Es tut sehr weh. Er ist acht Jahre alt. Dann weint er laut. Er könnte andere wecken ... »Leise, – gleich ...«

– ... es ist schon besser; aber bitte, gehen Sie nicht fort. Er hält meine Hand. Spricht leise. Flüstert.

– ... dann die Mama. Dann war ich bei der Oma, aber sie ist auch gestorben. Dann war ich bei der Tante. Sie jagte mich aus dem Haus. Es war kalt. Der Onkel hat mich aufgenommen. Er ist arm. Ich war sehr hungrig. Er hat Kinder. Alle Kinder wurden krank. Ich auch. Der Wirt befahl, in der Kammer zu schlafen, aus Furcht vor Ansteckung.

– Die Zähne tun immer in der Nacht weh.

Dann hat mich eine Dame aufgenommen, aber nur für kurze Zeit. Sie ging mit mir auf einen Platz und hat mich dort stehengelassen. Es war dunkel. Ich war noch klein. Ein Junge stieß mich herum. Dann hat mich der Polizist hingeführt. Dort waren Polen. Ich war dort. Dann haben sie mich zurückgeschickt. Die Tante hat geschrien. Hier fühle ich mich wohl. Die Tante hat mir nicht erlaubt, Ihnen zu erzählen, wo ich war. Ich bleibe doch hier, nicht wahr?

– Sie sind mir doch nicht mehr böse, daß ich den Ball auf den Rasen geworfen habe?

– Die Jungens haben dir nicht gesagt, daß es verboten ist? Er antwortet nicht. Er ist eingeschlafen. Komisch. Vielleicht war es das Licht? Oder schien es mir nur so? Es war ein kurzer Moment. Aber ich habe ihn gesehen. Ja. Einen hellen Heiligenschein um sein gequältes Köpfchen. Es ist mir erst das zweite Mal passiert.

Nur ungern veröffentliche ich diese Notiz. – In keiner Weise wird sie derjenige verstehen, der das in der nächtlichen Stille in einem großen Schlafraum eines Waisenhauses nicht selbst miterlebt hat.

Ein Gespräch im Sächsischen Garten

Im Sächsischen Garten in der Dämmerung.
– Mein Herr, der Vater ist gestorben, die Mutter ist arm; ich habe heute noch nichts gegessen.
– Wie lange ist dein Vater schon tot?
– Schon ein Jahr, mein Herr.
– War er lange krank?
– Lange, mein Herr.
– Und wo lag er krank?
– Zu Hause, mein Herr; und dann im »Kindlein Jesu-Spital«
– Hat Vaters Begräbnis viel gekostet?
– Ich weiß nicht, mein Herr: für das Begräbnis haben die Herren gesammelt, die mit dem Vater gearbeitet haben.
– Sag mir jetzt, mein Junge, was macht dein Bruder?
– Er verkauft auch Zeitungen.
– Und der dritte Bruder?
– Ich bin der dritte Bruder.
– Und wie alt bist du?
– Acht.
– Gut; was macht deine Schwester?
– Sie sind noch klein: eine ist sieben und die andere fünf Jahre alt.
– Na, und wieso verkaufst du jetzt keine Zeitungen?
– Ich verkaufe schon, nur jetzt ist es etwas spät.
– Warum verkauft die siebenjährige Schwester keine Zeitungen?

– Weil sie ein Mädchen ist.
– Warst du beim Vater im Spital?
– Ich war sogar zweimal dort.

– Warum nur zweimal?
– Weil er bald gestorben ist. An Schwindsucht.
– Woher weißt du, daß er an Schwindsucht gestorben ist?
– Weil die Mutter es sagte.
– Woher wußte die Mutter davon?
– Ich weiß es nicht, mein Herr.

– Und was macht deine Mutter?
– Sie wäscht.
– In der Wäscherei oder in Gasthäusern?
– Nein, nur wenn sie so etwas gesucht hat.
– Und wäscht sie schon lange?
– Nein, meine Mutter arbeitete in der Fabrik.
– In was für einer Fabrik?
– Sie hat Zigaretten gemacht.
– Und warum macht sie es jetzt nicht?
– Weil es jetzt dort keine Arbeit gibt, da hat man sie hinausge-
  worfen, und eine andere Frau haben sie auch gefeuert.

– Wie kamst du hier in den Garten hinein?
– Ich habe darum gebeten.
– Und du hast einen Zehner dafür gegeben?
– Nein, habe ich nicht.
– Und sie haben dich hineingelassen?
– Er hat nur gesagt, daß ich nichts kaputt machen soll.
– Und du wirst keinen Schaden anrichten?
– Ich knicke doch keine Bäumchen um.

– Hast du heute viel verdient?
– Ach, soviel.
– Das ist viel; zähl mal, wieviel Geld du hast; kannst du zählen?
– Hier sind sechsundvierzig Groschen, und dem Bruder habe
  ich auch noch achtzehn abgegeben.
– Und was hat der Bruder mit diesem Geld gemacht?
– Nichts; er gibt es der Mutter.
– Und was macht die Mutter damit?

– Sie kauft das, was sie braucht, und den Rest hebt sie auf.
– Und wozu hebt sie das Geld auf?
– Sie hebt es für den Winter auf, denn im Winter werden wenig
  Zeitungen gekauft.
– Und hat die Mutter schon viel gespart?
– Ich weiß es nicht.

– Und wo wohnt deine Mutter?
– Wir wohnen alle auf der Okopowa Straße.
– Und du findest den Weg nach Hause?
– Ich gehe dann auf die Marszałkowska.
– Und was wirst du dort machen?
– Dort ist mein Bruder.
– Und warum kam dein Bruder nicht mit?
– Weil er auf der Straße mehr verdient.
– Und warum verdienst du nicht auf der Straße?
– Weil ich keine Registriernummer habe.
– Was ist dabei, wenn du keine Nummer hast?
– Dann darf man nicht.
– Und was können sie mit dir machen, wenn du es trotzdem
  tust?
– Sie nehmen mich ins Polizeirevier mit.
– Warst du schon im Polizeirevier?
– Nein.
– Und du hast Angst vor dem Polizeirevier?
– Dort wird nicht geschlagen.
– Von wem weißt du, daß sie nicht schlagen?
– Die Jungens haben es erzählt.
– Und von wem wissen es die Jungens?
– Weil sie dort schon waren.

– Und hier kann man dir dein Geld nicht wegnehmen?
– Ich gebe es nicht her.
– Aber du bist doch noch klein.
– Wenn mich ein Junge verfolgen sollte, gebe ich ihm 6 Gro-
  schen.

– Und wenn er dir alles wegnimmt?
– Er würde nicht alles wegnehmen.
– Warum ging der Vater nicht gleich, als er erkrankte, ins Spital?
– Weil der Vater Angst hatte, unters Messer zu kommen.
– Die Kranken kommen unter das Messer?
– Nein, nur wenn jemand stirbt.
– Und ist der Vater unters Messer gekommen, als er starb?
– Ich weiß nicht.
– Warum hast du mir gesagt, daß du heute noch nichts gegessen hast?
– Weil alle Jungen so sprechen.
– Aber ich kenne einen Jungen, der das nicht sagt.
– Weil er nicht bettelt.
– Und was hast du heute gegessen?
– Ich habe Tee getrunken und Brot gegessen.
– Mit einem Würstchen?
– Nein, ein Würstchen kostet sechs Groschen.
– Und womit hast du das Brot gegessen?
– Mit Tee.
– Als der Vater noch lebte, wart ihr da reich?
– Reich? Wir hatten eine Stube, einen Spiegel und einen Hund.
– War der Hund groß?
– Nein, oh, so klein.
– Und was ist aus dem Hund geworden?
– Er ist verreckt.
– Und was ist mit dem Spiegel geschehen?
– Die Mutter hat ihn verkauft.
– Und war der Hund lange krank?
– Ich weiß nicht; als ein Junge einen Stein nach ihm warf und ihm eine Pfote zerschmetterte, da hinkte er auf drei Pfoten, er hinkte, er war so niedlich.

Einst waren sie Kinder

Es ist Sommer, eine Nachmittagsstunde im Garten.

Nicht nur zehn, nein, Hunderte von lachenden Kindergesichtern kann man erkennen. Die Kinder laufen im gemeinsamen Spiel herum, spielen Fangen, bilden Gruppen und Kreise und erfüllen den ganzen Garten mit ihrem Lärm.

Einige schauen ihnen mit lächelnder Toleranz und Sympathie zu, andere hingegen mit schneidender Abneigung und Ungeduld, und nur in einigen Augen kann man eine tiefe und schmerzliche Versonnenheit lesen …

Es ist acht Uhr morgens.

Schnee, Regen oder Sonnenschein … eine Straße, Kinder gehen zur Schule. Bis neun Uhr ist die Straße von einem Gewimmel an Schülern und Schülerinnen in Schüleruniformen der Gymnasien oder Privatschulen, in längeren oder kürzeren Kleidern, mit mehr oder weniger dicken Schulranzen angefüllt.

Einige gehen an den Reihen dieser jüngsten Arbeitnehmer gleichmütig vorbei, andere wenige schauen sich aufmerksam jedes junge Gesicht an, als wenn sie aus ihm lesen wollten, was sie für die Zukunft beitragen werden, welche Reserve an Kräften, Gedanken und Gefühlen da noch verborgen ist …

Sonntag.

Eine Straße der Armen in der Stadt, auf dem Land, im Vorort oder einem Städtchen. Es scheint, daß es ebenso viele Kinderköpfe wie Katzenköpfe in der unebenen Straße gibt. Der Wind spielt mit hellen oder dunklen Haaren, der Sonnenstrahl schaut in schwarze oder blaue, lachende oder sehnsüchtige Augen. Mit jeder Faser ihres Körpers wachsen und entwickeln sie sich, nehmen mit ganzer Seele das auf, was sie umgibt.

Manchmal bleibt ein Greis stehen, schaut eine Weile gegen die Sonne und auf die Kinder – und geht seines Weges.

Auf dem Sektionstisch liegt ein zwanzigjähriges Mädchen. Ihre blasse Stirn ist vom Tode gekennzeichnet, auf den zusammengekniffenen Lippen liegt Schmerz, ein nachdenklicher Gesichtsausdruck ist geblieben. In dem jungen Kopf hat sich ein schrecklicher Protest gegen die Härten des Lebens ausgelöst, in dem jungen Herzen hatten sich wilde Gefühle gestaut; unerfahren – der nichtgelenkte junge Geist konnte weder kämpfen noch aufgeben. Das Mädchen nahm sich trotz religiöser Ermahnungen, trotz der Angst vor dem Tode und trotz des Lebensschreies ihres jungen Körpers das Leben.

Vor wenigen Jahren war sie noch Kind, sie spielte mit Gleichaltrigen im Garten …

Er kippte noch ein Gläschen hinunter. Sein Blick war vom Alkohol verklärt. Er weiß, daß er mit dem fällt, was da schneller und schneller die Kehle hinuntergleitet, er weiß, daß er für immer auf die schiefe Bahn geraten ist, daß er sein Talent vergeudet, seine Ideale verbrannt und sein Gewissen eingeschläfert hat. Ein fünfundzwanzigjähriger Gewohnheitstrinker.

Noch vor wenigen Jahren ging er im Gewimmel der Kinder zur Schule …

Dem Angeklagten wurde das Urteil gesprochen. Es erwarteten ihn viele Monate im Gefängnis. Die Gesellschaft hat ihr Kind verflucht, verdammt, es hinter die Gefängnismauern abgeschoben als schädliches, raubgieriges, feindliches Wesen. Er seinerseits sieht voll Haß auf alle jenseits der Gefängnisgitter geringschätzig herab.

Noch vor wenigen Jahren spielte er mit Kameraden auf der Straße, er hatte seidene Haare, ein offenes Gesicht, einen unschuldigen Blick, er baute Häuser im Sandkasten und warf Steine ins Wasser …

Diese Opfer klagen mit ihrer Lebensnot die Eltern und die Gesellschaft an – sie klagen die erst kaum verflossene Vergangenheit an.

Wenn jemand über Kinder und Erziehung spricht, richtet er sich nicht nur an die Eltern und Erzieher, sondern an die ganze Gesellschaft, an alle, denen das Leben und die Zukunft der Jungen und Jüngsten nicht gleichgültig ist. Die laute Stimme der Pädagogen sollte in Schlössern, Bürgerhäusern und Bauernhütten gehört werden, sollte jedenfalls jedermanns Ohren erreichen, um so oft wie möglich daran zu erinnern, daß *in unseren Händen die Zukunft der Gesellschaft und das Glück der Kinder liegt*, um so oft es geht, an die Verantwortung zu appellieren, die auf uns lastet, für die moralischen Werte und das Glück derjenigen, die nach uns die Lebensarena betreten.

Der Glaube an die Macht der Erziehung ist keine Illusion eines Träumers, sondern das Resultat vieler hundertjähriger Studien und Untersuchungen. Diesen Glauben hat auch nicht einmal einen Augenblick lang die Vererbungstheorie untergraben. Heute ist bekannt, daß der menschliche Charakter sich aus zwei Elementen zusammensetzt: aus den ererbten und den neuerworbenen. Aber die angeborenen Neigungen sind nicht einheitlich: der Mensch wird weder als Verbrecher, noch als Engel geboren; die Erziehung macht aus ihm ein schmutziges oder strahlendes Wesen. Unter Erziehung verstehen wir nicht nur den Einfluß der Eltern, sondern auch den der Umgebung, der Leute, der Welt, der Literatur, des Lebens. Die Familie kann dieser Erziehung nur die Richtung geben, und die Seele des Kindes wird entweder auf die Klippen geschleudert, auf Gedeih und Verderb, oder sie wird von den Wirbeln des Lebens in den Hafen der Liebe, der Aufopferung, des Glückes getragen.

Wenn die Familie nicht das Steuer der Erziehung in die Hand nehmen kann oder will, ist die Seele des Kindes auf die Gnade des Schicksals angewiesen. Was wird dann überwiegen: das Böse oder das Gute, das Positive oder das Negative?

Das Kind wurde als Mensch anerkannt, als Wesen, mit welchem man rechnen muß, welches man nicht an der Leine führen kann, es aber umsichtig, unter geistiger Anstrengung, mit Gefühl und gutem Willen führen soll. Der ehemalige Despotismus in der

Erziehung ist veraltet, die einstige Angst der Kinder ist im Laufe der Zeit verschwunden – was sollte man an dessen Stelle setzen?

»Liebe, Achtung und Vertrauen« – antwortet die Vernunft.

»Nichts« – antworten die Unkenntnis, der Leichtsinn und die Faulheit.

So stahl sich in die Familienverhältnisse Verwirrung und Lockerung ein. Die Eltern wurden zu Kameraden oder Dienern ihrer Kinder. Man hat kapituliert, die Führung aufgegeben, die Kinder in fremde Hände gegeben.

So beschaffen wir den Kindern eine Bonne, eine Kindergärtnerin, Lehrer und Lehrerinnen, Lehrer für Kunsterziehung, sie lernen Fremdsprachen, Geschichte, Algebra, Musik, Zeichnen, Singen, Tanzen, wir bilden sie aus, eigentlich bezahlen wir ihre geistige Bildung …

Und das Herz?

Lehren wir die Kinder, wie man und für wen man leben soll, geben wir der Jugend ein Lebensziel, helfen wir ihr in den entscheidenden Momenten, wenn sie ihre Weltanschauung gestaltet, wenn sie anfängt, sich umzuschauen und zu suchen, zu träumen und zu streben.

Wissen wir überhaupt, was für Ideale ihr vorschweben? Verbinden uns noch mit dem Jugendlichen und Kindern die vertraulichen Gespräche zu zweit, wenn sie uns ihren Kummer und ihre Sorgen anvertrauen, wenn sie uns um Lösung von tausend Rätseln, die ihnen das Leben und die eigene Beobachtung aufgebürdet hat, bitten und trösten wir sie, geben wir ihnen Erklärungen und muntern wir sie auf?

Nein. Die Seele des Kindes legen wir schon mit den Windeln in fremde Hände: den Geist übergeben wir der Schule, das Herz – der Welt, der Umgebung, den Büchern.

Was tun wir für den Körper des Kindes? Denken wir an gesunde Spaziergänge (nicht diese in Hüllen von Watte und Baumwolle), an Gymnastik, an Schwimmen, Rudern, an zeitiges Schlafengehen und frühes Aufstehen, ist uns die Hygiene in der Erziehung bekannt? Nein. *Den Körper des Kindes übergeben wir der Natur*, aber nicht dieser aus Wald und Feld, sondern der verkümmerten Natur einer stickigen Schulklasse, einem dunklen Kinderzimmer und dem Wohnzimmer voller Gäste.

Es gibt Wahrheiten, für die man keine seidene Hülle braucht, weil sie niemanden anklagen und niemanden erschrecken. Das traurige Bild unserer häuslichen Erziehung sollte niemanden in hoffnungslose Traurigkeit und Unlust stürzen. Diese Angelegenheit ist zu wichtig, um lange versteckt zu bleiben; sie wird laut und rücksichtslos von sich hören machen, kommt auf den Tagesplan, wird durchsickern, sich einbürgern. Und dann wird sie alle mit sich reißen, denn außer ihrer Wichtigkeit hat sie noch den Charme des silbernen Kinderlachens, den mystischen Reiz der Prophezeiung, den poetischen Zauber einer Wiedergeburt der Natur im Frühling.

Resignation

Das Problem der behinderten Kinder kann man mit keinem anderen Gegenwartsproblem Europas vergleichen. Man sollte in die Geschichte zurückschauen: Unfreiheit, Willkür, Despotismus, Rechthaberei, kein Recht auf Verteidigung und Protest. Diese Fakten sind heute nicht mehr so deutlich zu erkennen wie vor der Bauernbefreiung oder zur Zeit Griechenlands oder Roms; die guten Leute nehmen keinen Anstoß an einer freundlichen und gleichberechtigten Beziehung zum Sklaven, sie haben durch eigene Profite die große Ungerechtigkeit ausgeglichen.

Wer das Kind liebt, der unterdrückt es nicht, wie auch der Adel nicht immer von seinem Recht der Prügelstrafe Gebrauch gemacht hat oder vom ius primae noctis etc. Mit dem Heranwachsen gewinnt das Kind Rechte. Freier, mit der Möglichkeit der Befreiung von den Fesseln der gleichaltrigen Gesellschaft, schon mit der Macht über die Jüngeren, sieht es dem Moment der endgültigen Befreiung entgegen. Es fragt ungeduldig nach dem Ende, wann kommt dieser Augenblick, wo auf dem Wege

zur vollen Selbständigkeit nur der Mangel an Geld die bedrük-
kende finanzielle Abhängigkeit steht. Wenn ich monatlich so-
undsoviel Złoty hätte, könnte ich machen, was ich will. Die
Befreiung, ähnlich wie beim Emporkömmling, hat viele unangenehme Eigenschaften; sie kennt nicht nur die Genugtuung
über die Befreiung, sondern auch den rächenden Zorn für die
Jahre der Mißhandlung und der Abhängigkeit, zu großes Selbst-
bewußtsein und zu große Gelüste.

Mit dem Wegwerfen der heute unbrauchbaren Moralpredig-
ten und unangenehmer Vorschriften, zerstört das Kind mit einer
Bewegung alles das, was Wert hat, was Kultur bedeutet, was Ergebnis einer Verständigung war – um scharfe Konflikte zu vermeiden, um miteinander leben zu können. Diese Geringschätzung des Kindes erinnert vielleicht an die eigene, nicht ferne,
unangenehme Vergangenheit, die es vergessen möchte, und ist
ein Aufbegehren gegen eine nur geringfügige Sache, vielleicht
nur wegen eines einzigen Hindernisses – Geldmangel; man ist
darauf angewiesen, sich wieder Vorschriften, Bestimmungen und
Verboten unterzuordnen. Dieses Ferment ist bereits des öfteren
im Unterbewußtsein, es ist Unzufriedenheit und Nichtaufge-
benwollen (Resignieren), möglich ist auch ein Aufflackern und
Verstecken von Groll und Abneigung.

Resignation – das ist die Aussöhnung mit dem Schicksal, ruhiges Verzichten, die gewonnene Erkenntnis, daß es nicht anders
sein kann, all das ist ein vollkommenes Fehlen an Widerstand
und Hartnäckigkeit, ein Waffenstrecken, aus der Erkenntnis heraus, daß der Kampf nicht nur ergebnislos, sondern auch ungerechtfertigt ist. Die Jugend hat zuviel Energie, zu nahe spürt sie
den Moment der Verwirklichung ihrer Träume und Sehnsüchte,
zu lange hat sie auf den Sieg gewartet und an ihn geglaubt; und
keinen Augenblick daran, daß neue unvorhergesehene Schwierigkeiten sie überfallen, verstören und verletzen könnten.

Manches Gefühl, das mit Resignation bezeichnet wurde, ist eher
Unlust. Soll es sein, wie es ist, es hat keinen Sinn; wozu sich

bemühen, es wird sowieso nichts daraus – dies ist der Grund für die passive Haltung gegenüber der Selbstverwaltung, gegen das Aufdecken von Fehlern und Wünschen, für das Schweigen, die Berichtigung irrtümlicher Meinungen und für das sogenannte Vertrauen. Die Resignation hat nichts zu verzuschen, die Unlust dagegen sehr viel. Die Resignation ist gutmütig und mild, charakteristisch ist das Fehlen an Willen, die Apathie. Resignation ein Waffenstrecken, ein Friedenschließen, ein Verzicht ohne Vorbehalte. Die Unlust ist ein Waffenstillstand, ein momentaner Vorfrieden, nach dem wir einen neuen Kampf erwarten. Zur Aufgabe der Unlust gehört es, die Wachsamkeit des Feindes einzuschließen, um desto lauter bei gegebener Gelegenheit eigene Rechte zu proklamieren. Resignation ist für immer, Unlust nur für heute. Der Macht der Gewohnheit folgend hat sich eine solche Haltung der Jugend gegenüber den gegenwärtigen Verhältnissen eingebürgert und existiert trotz besserer Einsicht des einzelnen ...

Der Mensch ist ein Produkt des Augenblickes, eines historischen Zeitabschnittes. Man kann die Geschichte vergessen oder sie nicht einmal kennen, ihre Gesetze bestehen trotzdem für immer.

Verschwommen ist dieser Artikel, kein Wunder. Mit größter Anstrengung bin ich auf der Suche nach einer Synthese für die Jugend, indem ich die Ergebnisse eigener Untersuchungen auf den Bereich des Internats anwenden will. Ich wiederhole nochmals: mir geht es um ein schwerwiegendes, kompliziertes Problem, das ich mit großer Anstrengung angehe. Allen Einwänden begegne ich mit Freude als Hilfe für meine Arbeit.

Illusionen

Man gestattet unseren Kindern nicht, nach eigenem Willen und Verstand zu leben. Wir bereiten sie ständig auf das zukünftige Leben vor, wenn sie erwachsen sein werden, inzwischen schmälern wir ihre Rechte und schränken sie ein. Es wird immer im

Namen ihrer Erziehung und ihres Schutzes gehandelt, aber tatsächlich für die eigenen Belange und aus Bequemlichkeit.

Unsere Kinder werden im Geiste der heuchlerischen Regeln der Freundschaft »erzogen«. Wir verstecken vor ihnen die eigenen Fehler und Mängel. Sie müssen die Zähne zusammenbeißen und schweigen; jede noch so leise Auflehnung oder jeder Protest wird von uns in brutaler Weise unterdrückt. Wir fordern von ihnen manchmal Fröhlichkeit, manchmal Ernst, manchmal Naivität, manchmal Nüchternheit, zeitweise Initiative, Energie, Lustigkeit, Hoffnung und noch und noch – alles soll unsere Lücken ausgleichen und nicht ihre Wünsche erfüllen.

Aber dies alles und vieles andere bewirkt, daß das Kind schnell erwachsen sein will, wachsen, sich befreien, die Fesseln abwerfen, unabhängig sein, zu sich selbst zurückfinden will. Sie warten und träumen – endlich ein Ende der Sklaverei, endlich die erträumte Freiheit.

Es gibt keine Grenze zwischen dem Willen eines anderen und der eigenen Freiheit. Vielleicht das Alter? Nein? Physische Reife? Auch nicht! Materielle Unabhängigkeit? Das ja!

Ich habe Geld, ich kann tun und lassen, was ich will.

Wenn wir auf das Kind mit dem Auge des Soziologen schauen würden, auf diese unterdrückte gesellschaftliche Klasse, oder mit dem Auge eines Historikers auf ein Sklavenvolk, dann könnte man sie als einen revoltierenden Stamm sehen, der nicht weiß, was er mit der kürzlich gewonnenen Freiheit anfangen soll, weil er nicht weiß, wie man auf kulturelle Weise leben kann. Es besteht kein Bedarf, vor dem Gefängnis auszureißen, aber was soll man mit der plötzlich erlangten Freiheit?

Das heißt: Die Jugend sagt – wir haben nichts gewonnen. Wir haben umsonst geträumt und gewartet, umsonst der Wunsch, das Leben zu verändern, den Arbeitsplatz, deshalb die Unlust an Rat und Wink der Erwachsenen. Das ist das Mißtrauensvotum gegen unsere Dienstleistungen, das Vorgefühl der Niederlage, nicht zu gewinnen, das sind die Kämpfe, die Vorausahnung, auf verlorenem Posten zu stehen. Das heißt: wieder warten, worauf warten und wie lange? Ein gegenseitiges Mißtrauen und der fehlende Glaube nicht nur an die Gesellschaft der Erwachsenen, sondern, was noch gefährlicher ist, an sich selbst, kommen auf. Vielleicht, mein Freund, ist die ganze menschliche Unabhängigkeit nur Fiktion, Trugbild ... Aber vielleicht gerät man, wenn man vor den Befehlen und Aufträgen, vor denen man buckeln kann, flieht, in andere Pflichten, eigene Pflichten, von welchen man sich nicht befreien kann, weil sie das eigene Leben diktiert hat.

Irgend etwas, behaupten die jugendlichen Erwachsenen, haben unsere Erzieher dahergeschwatzt, daß man sich auf das Leben vorbereiten soll, denn es kommen noch unerträglichere Zeiten als die Jahre der Kindheit. Es stellt sich heraus, daß die Erwachsenen doch mehr Erfahrung haben.

Das jüdische Kind
(Gutachten eines Experten)

Schon mehrmals hatte man versucht, eine Meinung über das jüdische Kind und die jüdische Jugend von mir abzuverlangen. Man hatte meine Einstellung über die moralischen, psychischen und physischen Eigenschaften dieser Menschen vom Typus her erforschen wollen. Man wollte wissen, wie ich diese Kinder und Jugendlichen bewerte? Ob die erzieherische Arbeit Genugtuung oder Schwierigkeiten, und dann welcher Art, mit sich bringt, welches gegenseitige gefühlsmäßige Verhältnis uns verbindet, was für Erfahrungen aus meinen Kontakten mit den jüdischen und nichtjüdischen Kindern ich offenbaren (oder nicht offenbaren) möchte.

Den verschiedenen Umständen dieser Diskussionen sowie der Art der Fragen entsprechend, ob sie zurückhaltend oder aufdringlich formuliert waren, antwortete ich höflich oder schroff. Obwohl ich einen persönlichen Bezug zu dieser Angelegenheit habe, und auch Erfahrungen in diesem Erziehungsbereich, antwortete ich, daß ich es nicht für zweckmäßig halte, einen Bericht darüber abzulegen, und daß ich für allgemeine Formulierungen nicht zuständig bin.

Es ist jedoch nicht leicht, mir selber klar zu machen, warum mich dieses ›Verhör‹ so beunruhigt und was mich davon abhält, eine ruhige und sachliche Antwort zu geben. Eine sachliche Antwort muß sich auf Untersuchungen stützen, für eine ruhige Antwort müssen normgemäße und ordentliche Bedingungen vorhanden sein; und ein scheinbar objektives Urteil beruht nicht nur auf erfahrungsgemäßem und durchdachtem Beobachtungsmaterial, sondern auch gleichzeitig auf unbewußten, unklaren und verwischten Erinnerungen. Keine Gedankenschwäche, kein Bestreben danach, das zu verschweigen, was beschuldigend oder verletzend sein könnte, ist dabei ausschlaggebend, nur die Abneigung gegen stümperhafte und überhebliche Beurteilungen. Ich muß in meinen Äußerungen vorsichtig sein, da die allgemeine, oberflächliche Meinung mir den Rang einer Autorität zuspricht: vor einigen Jahrzehnten habe ich schon über *Die Mojscheks, Joscheks und Sruleks* sowie *Die Józeks, Jasieks und Franeks* geschrieben. Ich bin verpflichtet zu wissen.

Ein Universitätsprofessor und Lehrer schreibt über seine 30jährige Tätigkeit in seinem Werk: »Über die Erziehung«: »Der jüdische Schüler der polnischen Schule bemüht sich selten ... um des Wissens willen; sein Fleiß dient nur dem nächsten Ziel.« Auf der selben Seite, nur ein wenig tiefer, über den polnischen Schüler: »Er ist vom praktischen Nutzen motiviert und nicht von ideellen Vorstellungen.« Wenn man nur so viel über den Unterschied zwischen einem jüdischen und nichtjüdischen Schüler der polnischen Schule sagen kann, ist es dann nicht besser und empfehlenswerter, über den Schüler überhaupt nicht zu sprechen?

Dabei könnte man annehmen, daß die Unterschiede doch wesentlich extremer sein sollten, wenn man die unterschiedliche gesellschaftliche Zusammenstellung dieser und jener hineinbezieht. Um in der Sache über menschliche Verschiedenheiten Stellung zu nehmen, sage ich damit aus, daß es keine wesentlichen Unterschiede zwischen Kindern, Jugendlichen und Erwachsenen gibt, auch nicht zwischen einem Jungen und einem Mädchen, zwischen einem einzelnen Kind und einer Gruppe, zwischen einem Land- und einem Stadtkind, einem reichen, armen, verwahrlosten Waisenkind. – Dafür gibt es viele Ähnlichkeiten, viele gemeinsame Eigenschaften des Menschen. – Ruskin* (in einer hervorragenden Schrift über Mineralien) spricht über den Verstand und die Ethik der Kristalle. Wenn es dieses Buch nicht gäbe, würde ich es bei einer Analogie zwischen Menschen und Pflanzen belassen; dank Ruskin konnte ich weiter und tiefer schauen. Die Psychose der Suche nach Unterschieden ist ein Widerhall des Spektakels um das, was entzweit, verfeindet und aufhetzt. Das ist die Ursache meiner Aufregung Verschwendung der Kräfte und ein Unmaß von Unrecht und Schmerz – das sind Fehler und geistige Umnachtung. Dadurch werden die eigentlichen und wichtigen Probleme vernachlässigt.

Heim oder Familie?

Die Zusammenstellung einer Problemliste nur eines Waisenhauses würde den Umfang dieses Artikels wesentlich überschreiten. Die Bedingungen für die praktische, nicht die wissenschaftliche Arbeit, die Lösung alltäglicher Probleme und Überwindung von Kleinigkeiten, stören bei einer Konzentration und lehren vorsichtig zu sein. – Und wo bleibt das Ergebnis des Experiments? Mit einem Gefühl von schmerzhafter Versonnenheit lese ich, daß irgendwo jemand Untersuchungen an zweiunddreißigtausend Mäusen durchgeführt hat, und deren Nachkommen züchtete er bis zur achten Generation; es waren Untersuchungen nur eines Details: der Auswirkung des Alkohols auf die Nachkommen – und was für unzuverlässige Ergebnisse sind dabei herausgekommen! – Wie winzig ist der Umfang meiner Beobachtungen – zerstreut über den Zeitraum vieler Jahre –, die sich auf nur ein paar hundert zufälliger und nichttypischer Kinder beziehen.

Unterschiede im physischen Typus?

Was kann ich zu den vorhandenen anthropologischen Messungen, Statistiken über die Sterblichkeit, Krankheiten, ihre Häufigkeit, ihren Verlauf und deren Ergebnisse dazugeben? Wie kann ich mich da in den Streit um die Rassenunterschiede und in die

Eigenschaften, gestaltet durch unterschiedliche Lebensbedingungen, einmischen? Ich habe den Eindruck, daß man bei jüdischen Waisenkindern im Heim öfters Frostbeulen an den Händen und Anweisung zur Mandeloperation vorfindet. Ich weiß nicht, was für eine Rolle hier die Lebensbedingungen spielen, falls das wirklich so ist.

Wenn ich das Beispiel erwähne, dann nur, um verständlich zu machen, welche Kleinigkeiten manchmal die Antwort auf diese Fragestellung erschweren. Diese Frage kam flüchtig auf und wurde fallengelassen; denn in der täglichen Arbeit stelle ich mir die Aufgabe: wo kann ich helfen, mit welchen Problemen muß ich mich näher befassen. Wenn Frostbeulen – dann Handschuhe, welche und für wieviel, was soll man machen, damit sie sie anziehen, damit sie der Zerstreute und Achtlose trägt. Ein tiefer Flug: einfach, billig und erfolgreich; sollen andere die großen Synthesen aufstellen. Sie verwechseln »Eindrücke« sogar dann, wenn es dafür keine Anhaltspunkte und keine gefühlsmäßigen Regungen gibt. Wie oft kam es vor, daß die Gewichtszunahme der Kinder schlecht ausfiel; das Ergebnis widersprach dem Eindruck. Wie kann man sich doch täuschen, indem man eine Gewichtszunahme der Kinder während dieser Woche voraussetzt, wie schwer kann man ex post erklären, wann es eine erhebliche oder mittelmäßige Gewichtszunahme gab. Wie oft widerspricht eine Zahl boshaft und ärgerlich der Voraussetzung. – Und am Gewichtmessen müßte ich mich auskennen: jede Woche ca. 200 gewogene Kinder im Zeitraum vieler Jahre. – Der Unterschied zwischen der weißen Karte des Nichtwissens der Allgemeinheit und meiner ist der, daß meine Karte Fragen ohne Antworten enthält.

Die Statistik macht auch Fehler (und lügt); man muß ihre Angaben aufmerksam interpretieren: in Galizien gab es maßlos viele uneheliche Kinder, denn die jüdische Bevölkerung wurde nur von den Rabbis getraut; diese Ehen wurden wiederum rechtlich nicht anerkannt.

– Eure Kinder (die jüdischen) – sagt der Herr von der Schulaufsicht – sind kleiner.

Ein anderer Eindruck:
– Eure verhalten sich leiser, sind trauriger … verhalten sich lauter, sind rege, fröhlich … artiger … unartig …
So oder so. Wenn so oder so, dann warum! Mir schien es, als wenn ich bei christlichen Kindern öfters gehört hätte:
– Wir machen das oder jenes.
Bei den jüdischen:
– Wir kaufen.
Ich verstehe es jetzt sogar: hier der Arbeiter, dort der Kaufmann. Das ist Tradition.

Es genügt, daß ein Mensch im Laufe eines Schuljahres das Interesse für Handarbeiten weckt und die über Jahrhunderte aufgebaute Tradition stürzt – und ohne weiteres verstummt die Stimme des Blutes.

Mir schien es, als wenn die jüdischen Kinder schneller Lesen lernten. Das Verhältnis der gelesenen Buchstaben pro Sekunde wuchs bei jüdischen Kindern schneller. Eine Talentierung in einer und dazu nicht sehr wichtigen Richtung – sie war jedoch gestützt auf Statistiken und Beobachtungen mehrerer Jahre. Ein Fehler: ein jüdischer Schüler kann schon jüdisch lesen, er kann aus Buchstaben Wörter bilden – das zum ersten. Ihn verwirrt kein unverständliches Wort, da hält er beim Lesen nicht an – das zum zweiten. – Als ich diese Schüler aus der Statistik herausnahm, blieb die Interpretation der Statistik in der Luft hängen.

– Unsere … Eure … Sie …
Oberflächliche und störende Beurteilungen für den Alltag sind schon geschmacklos und abscheulich im Munde der Auguren.

Dasselbe Kind oder dieselbe Klasse. – Ein Lehrer empfindet Ausgelassenheit und Faulheit, ein anderer – vorbildliche Disziplin und lebhafte Intelligenz.

Ich habe mehrmals auf beiden Seiten der »Barrikade« die fast grundsätzliche Aussage gehört, daß die jüdischen Kinder begabter sind. Ich würde dem auch bedenkenlos zustimmen – jedoch mit einem Vorbehalt. Ich bevorzuge nicht allzusehr Talentierte, denn erstens sind sie nicht zuverlässig und ihre effektvolle Entwicklung der ersten Jahre ist nicht ausschlaggebend für die späteren Zeiten; zweitens schätze ich Charaktereigenschaften – Zuverlässigkeit, guter Wille, Empfindsamkeit – höher. Ein Übermaß von talentierten und begabten, jedoch unehrlichen Menschen muß uns zu einer Revision der schablonenhaften Achtung vor dem Intellekt führen. Das tägliche Brot der Redlichkeit, der Pflicht und des Taktgefühls wiegt mehr in der Ökonomik des gesellschaftlichen Lebens. – So eben denken die Kinder und von dieser Wahrheit haben sie mich schon längst überzeugt. Ich würde den Lehrern vorschlagen, unter diesem Gesichtspunkt ihr Verhältnis und das der Klasse zu den besten Schülern zu revidieren.

Nach diesen Erörterungen dürfte es für mich nicht schwer sein, ein Urteil auszusprechen; doch bin ich mir immer noch nicht sicher: hier und dort findet sich neben dem Intelligenten ein Dummkopf.

Wenn ich, im festen Glauben an den Test, für einen Vergleich von hundert jüdischen und nichtjüdischen Kindern einen Quotienten ansetzen würde, stünde ich wieder vor dem Problem, ob er vertrauenswürdig ist. Wie einfach könnte es doch passieren, daß das »Wunderkind« ein Arbeiterkind ist, das jedoch von dem Bauernkind überflügelt wird.

Man sagt, daß die jüdischen Kinder sensibler und empfindsamer sind. Ich weiß nicht recht. Hier und dort gibt es Tränen und Lachen, hier und dort findet man Wehmut und Zärtlichkeit, feinfühlende Empfindsamkeit – hier und dort herrschen Grobheit, Gefühllosigkeit und Daltonismus. Ich habe die Tränen nicht gezählt, die jüdische und christliche Kinder beim Anschauen des sehr rührenden Films »Champion« vergossen haben – sehr viele haben geweint.

Ich erwähne diese nichtwissenschaftliche Episode, um die Unterschiede zwischen dem zu verdeutlichen, was die Naiven von mir fordern und dem, was ich aufgrund meiner Erfahrungen und nicht der Beurteilungen, die man mir aufzudrängen versucht, geben kann. Nichtausgeglichene Gleichaltrige nennen die jüdischen Kinder »Hitzkopf«, die christlichen »Verrückte«. Hier sagt man »arrogant«, dort »Frechdachs«, hier und dort – ein Wüterich, Rohling, Unruhestifter, Narr, hier und dort – Wohlwollen und Widerwillen.

Ich wagte ein Experiment. Es gibt Punkte für gegenseitige Zuneigung und Abneigung, für Quantität und Qualität des Dankes bei gegenseitigen Hilfen, Vergehen und Streitigkeiten. Aber vorsichtig mit dem so pedantisch gesammelten Untersuchungsmaterial – es verdeutlicht keine Verschiedenheiten, die man mit unterschiedlichen angeborenen Eigenschaften und Dispositionen erklären könnte. Ausschlaggebend ist ein zufälliges Zusammenwirken von schwankenden zweitrangigen Faktoren.

Alle Farben und Schattierungen menschlicher positiver und negativer Eigenschaften sind da enthalten. Hier und dort gibt es Gutmütige und Robuste, der eine verteidigt sich und gibt nach, der andere überfällt und ist aggressiv.

Ein wenig anderer Wortschatz, aber die Kinder haben diese Worte nicht erfunden. Hier »Kombinierer«, dort »Schlaumeier«, hier »Schacherer«, dort »Gauner«.

Ein redlicher Erzieher, ohne Vorurteile, der sich nicht passiv momentanen konjunkturbedingten Ansichten unterwerfen läßt, gerät im Chaos des täglichen Lebens, in der Hast und Abgespanntheit, im Sich-Herumschlagen und Hadern mit schwierigen Kindern und verzwickten Situationen, ohne sich dessen bewußt zu sein, kritiklos und unwillkürlich zu wertlosen Verallgemeinerungen. Dies sind die Momente seiner seelischen Bedrücktheit und des moralischen Zusammenbruchs.

Den gegenüber den Chauvinisten geäußerten Vorwurf, sie handelten aus einem »zoologischen« Egoismus heraus, finde ich ungerechtfertigt. Wir werden zoologisch geboren, wir wachsen, altern und sterben – wir atmen, wir befriedigen unseren Hunger und Durst. Zoologisch schlafen wir abends ein und wachen früh morgens auf. Zoologischer Natur ist unser Zorn und Ärger, Freude, Schmerz und Angst. Ich lese: »Die durchschnittlichen Menschen sind gutmütig, sie werden an der Nase herumgeführt, was ihre Vorgesetzten ausnützen.« Und weiter: »Man kann sich eher mit einem vernünftigen Tier verständigen als mit einem dummen Menschen.« Man sollte unsere orthodoxe Meinung über den Menschen revidieren. Homo sapiens bekämpft nicht immer das, was zoologisch und gewöhnlich in ihm ist, und wenn, dann nur mit großer Überwindung.

Der Mensch – ist wohl ein Geheimnis. Das Zusammenleben und die Zusammenarbeit der Leute – ist wohl ein Geheimnis. Das größte Geheimnis ist das Kind. Als wichtigstes Problem der Heimerziehung wird hervorgehoben: wie kann man die Bedürfnisse und Aufgaben der Heimleitung und der Kinder vereinbaren, die Pflichten und den individuellen freien Willen, das begründete Bestreben und die Marotten; wie kann man das wertvolle und sensible Individuum schützen? Wie kann man die Vermehrung derjenigen stoppen, die Kummer bereiten und mit ihrer bloßen Existenz der menschlichen Würde widersprechen?

Die Juden – allein die Fragestellung ist ein Teil des Rassenproblems. Neben den Weißen leben die Farbigen; die Gelben und die Schwarzen. – Ich habe über Untersuchungen auf einer Insel über das Intelligenzniveau der Neger und Europäer gelesen; die Weißen waren den Schwarzen nicht überwiegend überlegen. Das Mittelalter mit seinem mangelnden Verständnis, seinen Leidenschaften und Kriegen kann noch lange bestehen bleiben.

Es ist noch verfrüht, über das arische und semitische Kind zu sprechen. Wir lernen die Grenzen des erzieherischen Einflusses, des Einflusses der Gesundheit, Kraft, Schönheit, Intelligenz, des Wohlstands – des Grundsatzes der Degeneration und verwunderlichen Regeneration des vom Ansatz vergifteten Individuums und ganzer Geschlechter kennen.

Wir müssen immer bedenken, daß die Untersuchung von zweiunddreißigtausend Mäusen in acht Generationen eine gründliche, zuverlässige Forschungsarbeit bedeutet; ein winziges Detail; eine unentschiedene Antwort.

Wo habt ihr eure Krallen, eure Hauer?

Kritik und Angebot

Unsere Schule ist eine Kaserne.
Die Kinder machen wir mit Uhren in der Hand zu Mannequins,
wir gleichen ihre Charaktere an, ordnen ihre Initiative aus.
Wir haben die Kinder numeriert,
haben eine mit Tausenden von Gesetzen, Verordnungen und
Anordnungen dem Gefängnis ähnliche Disziplin eingeführt.
Wir führen mit ihnen kluge Reden,
die zum sophistischen Verständnis beitragen sollen.
Die Kinder bekommen fast keine Luft
in diesem brutalen, kalten, künstlichen Leben,
das ohne jegliche Illusion und Poesie ist.

Mutter, wo hast du deine Krallen, deine Hauer?
Die Zivilisation hat die Krallen und Hauer derer stumpf gemacht,
die wie Tiger ihre Jungen verteidigen wollten.
Die Zivilisation hat ihnen dafür – das Gebet gegeben.

Es ist nicht die Schuld der Erwachsenen,
daß sie nicht wissen und nicht können,
ihre Schuld liegt darin,
daß sie dies vor den Kindern verschweigen.

Gegen das Kinderelend

Heute habe ich die Tagebücher unserer Schüler angeschaut, und da wurde mir erst bewußt, daß ich selbst Zögling unserer eigenen Schule bin. Wie das geschehen ist? Wenn meine Notizen durch nichts an die Notizen eines Schulleiters erinnern, warum ist das so seltsam? Und zeigt sich nicht in dieser Frage ein Gefühl der Unzufriedenheit, daß ich, obgleich älter, weder intellektuell noch moralisch meinen jungen Kollegen überlegen bin? Viele übertreffen mich sogar, sie werten die Fakten objektiver und drücken ihre Gedanken konkreter aus. Wenn ich mit Haßgefühlen an die soziale Ungerechtigkeit unseres heutigen Systems denke, nehmen sie dagegen kühl die Tatsache auf, daß eine Hälfte der Menschheit in vollkommener Armut lebt und die andere nicht weit vom Aberglauben entfernt ist, daß es nicht so lange her ist, daß im Glauben an die Heiligkeit der Tat verbrannt und gemordet wurde, und daß es somit nicht anders sein kann als jetzt. Während ich wie ein junger Bursche um den Sieg weine, rüsten sie bewußt zum Kampf; während ich die heutige Wirtschaft verbrecherisch nenne, sagen sie, sie sei fehlerhaft; während ich meine Stunden der Ungläubigkeit habe, sagen sie nur, sie seien ermüdet, und von der Krankenpflege gehen sie ungezwungen zum Blumengießen über. Ich bin krank, sie dagegen gesund …

Die Menschen übertreffen sich gegenseitig in der Kunst der Mißhandlung von Säuglingen; ich spreche hier nicht von der Klasse der Armen, wo das Schlechte im Elend steckt, in der Unfähigkeit, die Methoden anzuwenden, die von der Wissenschaft erarbeitet worden sind; dasselbe geschieht jedoch auch bei den Reichen. Hier kommt die Nichtachtung des schwachen Menschen in seiner Wehrlosigkeit zum Ausdruck. Das Kind überlassen sie einer fremden, unbekannten Frau, und die Eltern benutzen sein Lächeln, seine lustigen Blicke, die ersten Äußerungen, seine tollpatschigen Bewegungen – um mit ihm in ihren freien Augenblicken, wo sie nicht gerade von einer Vergnügung zur andern eilen, zu spielen, oder in den kurzen Pausen, die ihnen ihre entehrende Sklavenarbeit läßt. Von einer Waage scheinen sie nichts zu wissen; Lüftung und Licht sind etwas, was sie fast nicht wahrnehmen; schließlich haben sie das Buch, aus dem man lehrt, wie der Gott zu achten sei – ein schrecklicher heidnischer Kult mit dem bedruckten Papier. Hier eben ist jener Gott nicht.

Erst unter dem Einfluß unserer Schule weiß man, daß eine vorbildliche Privatschule eher ohne ein Physiklabor auskommt als ohne Kinderkrippe und Kindergarten; erst heute beginnen sie zu verstehen, daß normaler Stuhlgang eines Säuglings einer künstlerischen Sonate wert ist, daß beschmutzte Windeln ebenso ästhetische Eindrücke vermitteln können wie ein Bild auf einer Frühlingsausstellung, daß der denkende Mensch heute uneingeschränkten Haß empfinden muß gegenüber einer gekünstelten nachäffenden Menschenmasse.

Ihr verkommt im moralischen und materiellen Dreck, stinkt nach dem Leid der Menschen – ja sogar der Kinder, sogar der Säuglinge. Es ist der Gipfel des ästhetischen Genusses, sich im Walzertakt an einer Halbnackten zu scheuern wie ein Schwein an einem Baumstamm vor dem Gewitter.

Eure Frauen schnüren sich Brüste und Bäuche in Metallstangen ein, durchstechen sich die Ohren, um glänzende Steinchen daran aufzuhängen. Wie weit ist Euer Weg bis zur großen, heiligen Kunst. In die Oper geht Ihr, um Euer Kleid zur Schau zu stellen, das aus einem Stoff gefertigt ist, den ein unglücklicher Arbeiter gewebt und eine verachtete Näherin nach dem Schnitt eines schlauen Geschäftemachers genäht hat. In der Bildergalerie verabredet Ihr Euch zu einem Stelldichein, das auf dem Sofa des Boudoirs endet. Wie weit seid Ihr von der großen, heiligen Kunst entfernt?

Unsere Kinderkrippe ist ein Gedicht. Eine Reihe wunderschöner lebendiger Bilder. Junge Hände einer ehrlichen Arbeiterin baden, wickeln den Säugling. Die eine wärmt die Milch, die andere notiert ihre Beobachtungen; jede Bewegung, jeder Laut des Säuglings werden gewissenhaft und fachmännisch aufgezeichnet und später von dem Arzt und dem Psychologen beurteilt. Hier gibt es keine Arbeit bezahlter Sklaven; ist es doch eine Beobachtungsanstalt, wo unter der Anleitung Gelehrter, qualifizierte und ehrliche Helfer ihre Studien durchführen.

Wie verschieden doch diese Säle aussehen, wenn morgens die Sonne aufgeht, oder wenn mittags das volle Licht hereinstrahlt, im Schatten der Dämmerung und wie anders wieder in der Stille der elektrischen Nachtbeleuchtung. Hilflose, ahnungslose Wesen werden von der menschlichen Opferbereitschaft und durch die wissenschaftlichen Errungenschaften der Vergangenheit behütet. Das ist unser Gedicht!

Seit drei Jahren arbeitet hier die Zofia, Tochter einer Bettlerin, die im Spital starb. Schon dreimal wechselte sie zu anderen Abteilungen der Schule über, kam aber jedesmal in die Kinderkrippe zurück.

– Hier fühle ich mich wohl – sagt sie

In ihrem Tagebuch steht der Satz:

»Vielleicht deswegen, weil mir in der Kindheit viel Leid zugefügt worden ist, kann ich nur unter Tieren und Säuglingen arbeiten.«

Die Kinder aus dem Kindergarten werden außer bei Spielen und probeweiser Gartenarbeit auch für Arbeiten ihrem Reifegrad entsprechend eingesetzt. Sie legen Seife in Kartons, Spielsteine, Dominosteine, bereiten Binden vor, kleben Bilder, stempeln Coupons; sie betreuen das Federvieh der Farm und einige Bienenstöcke. Sie nähen Knöpfe an die Wäsche oder ordnen die Manuskriptseiten der Bücher, die zum Buchbinder gehen – schließlich haben sie Tagesdienst in verschiedenen Abteilungen des Internats. Es gibt keine Abteilung, wo die Arbeit fünfjähriger Kinder keine Verwendung fände. Reiches Material geben uns Fabriken, Werkstätten und schließlich die Beobachtungen aus dem Leben.

Mit außerschulischem Leben, also der Schreinerei, der Bücherei, dem Nachtasyl usw. kommen sie nicht in Berührung, da ihnen noch das notwendige moralische Gleichgewicht fehlt. Sogar die Arbeit in der gemeinschaftlichen Badeanstalt überfordert sie, wovon uns eine Beschwerde über das allzu despotische Verhalten gewissenhafter fünfjähriger Arbeiter überzeugte.

Die caritative Gesellschaft, die sich dazu entschlossen hatte, unsere Badeanstalt für ihre Schützlinge zu benutzen, benachrichtigte uns durch einen amtlichen Brief, daß fünfjährige Kinder sich erlaubten, Bemerkungen gegenüber den Aufseherinnen zu machen, die sich schädlich auf das Verhältnis der Schützlinge der Gesellschaft zu ihren Erzieherinnen auswirkten.

Die in dieser Sache durchgeführte Untersuchung ergab: Die Aufsicht einer der Gruppen hatte ein Kind geschlagen, das nicht in die Badewanne wollte. Unser fünfjähriger Diensthabender, der die Kämme verwaltet, bemerkte, daß man das Kind nicht schlagen sollte.

– Misch dich nicht ein, du Bengel, sonst kriegst du eins auf die
  Pfoten – antwortete die Erzieherin
  und der Kleine darauf:
– Sie sind böse und dumm.

Der Diensthabende der Badeabteilung hörte die Unterhaltung nicht, weil das Geplätscher des Wassers sie übertönte; ein junger Arbeiter schwieg dazu, zum Teil aus Scham und Vergeßlichkeit; und die Kindergärtnerin, eine Erwachsene, stellte die Sache der Verwaltung falsch dar, weil sie vom Baden der Kinder befreit und daher Dutzenden von Kindern den Sinn des Badens nicht beibringen wollte.

Diese Angelegenheit, gründlich überdacht, lieferte uns wichtiges Material zu Vorlesungen gegen Vorurteile und über die Notwendigkeit einer umsichtigen Aufklärung derjenigen, die überzeugen und die Moral bessern, also zur Kultur erziehen wollen.

Es wurde beschlossen, daß die Kinder noch nicht aktiv im außerschulischen Leben eingesetzt werden sollen.

Kummer der Schulzeit

Seit vielen Jahrhunderten arbeitete die Menschheit an der Errichtung eines Tempels des Wissens. Einen Ziegel auf den anderen, ein Stockwerk nach dem anderen, so wuchs dieser Bau heran, immer stolzer und immer weniger zu übersehen. Sein

Aufbau wurde mit Tausenden von Menschen erkauft, mit der Anstrengung Tausender bedeutendster Geister. Die Menschheit hört nicht auf zu schaffen. Jedes Jahr bringt neue Errungenschaften mit sich, jede neue Generation erzeugt neue Talente, sammelt neue Bausteine für die Arbeit zukünftiger Generationen.

Und hier soll ein Kind dieses Gebäude im eigenen Geist während seiner Schulzeit aufbauen, soll sein Abbild aufnehmen, sich aneignen, erfassen und mit eigenen Gedanken anfüllen.

Es beginnt mit dem Fundament; dabei hat sein nicht vorbereiteter Geist so viele Schwierigkeiten zu überwinden, so schmerzhaft entsteht ein Gedanke, so schmerzhaft entspringt ein Durst nach Wissen und die Erleuchtung und Bewunderung gegenüber dem Wissen. Das Kind kann gar nicht ahnen, wie fürchterlich der menschliche Geist gebrochen werden kann, wie die Gedanken des schwachen Menschen hin und her geworfen werden, bevor er in das strahlende Gesicht wenigstens einer neuen Wahrheit schauen kann.

Er weiß nur, daß eine dornige Straße zu dem Forum führt, auf dem sich der Tempel des Wissens erhebt.

Unerbittlich streng sind die Anforderungen derer, die die Kinder in eine ihnen unbekannte, fremde, durch Geschichte und Milieu aufgezwungene Welt des Wissens einführen. Sie fordern Aufmerksamkeit, Konzentration und systematische Arbeit.

Wie fremd ist dies dem kindlichen Gemüt, für das lebhafte Beobachtung, flatterhafte Regsamkeit Gesetz, Grundsatz und Notwendigkeit sind. Dort wird vom Kind das Sitzen über den Büchern gefordert, es selbst sehnt sich nach Natur und Leben; sie befehlen ihm zu denken, zu überlegen, wenn es sehen und fragen möchte; sie nageln seinen Geist an einem Fachbereich fest, wenn es mehrere kennenlernen möchte.

Würde man die kindlichen Eigenschaften nützen und nach dem Grundsatz »alles im Einklang mit der Natur lernen« verfahren, so würde dies eine große Ausnahme bedeuten; kann man nicht der Schulzeit die Bitterkeit nehmen, kann man nicht das

Kind dem Leben zuwenden, ihm erlauben zu fragen und langsam seinen Geist dahin führen, daß es selbst erfahren möchte, wo der Kern des Wissens steckt?

Man kann und sollte das tun.

Warum hat man dies bis zum heutigen Tag nicht getan?

Weil es schwer ist, die Zukunft aus der Vergangenheit aufzubauen, weil ein kluger Gedanke hundertmal wiederholt werden muß, bis er sich in die Tat umwandeln läßt.

Um den gegenwärtigen Stand des Schulwesens zu verstehen, sollte man sich seinem Entstehen und seiner Entwicklung zuwenden.

Die programmatische Entstehung des Schulwesens finden wir in der Zeit der Renaissance.

Zwei Richtungen kämpften im 16. Jahrhundert um die Ausrichtung der Lehrpläne.

Einerseits führte die Entdeckung Amerikas die Gelehrten zur Erforschung des Erdballs und der materiellen Welt, andererseits wandten sie sich durch die Neuentdeckung der alten griechischen und römischen Literatur der Vergangenheitsforschung zu.

Wenn sich diese beiden Richtungen zu einer gemeinsamen Einheit entwickelt hätten, würde die Welt des Geistes und der Materie die Nahrung junger Wesen sein. Leider haben aber diejenigen gewonnen, die dem unwiderstehlichen Zauber des schönen literarischen Stils und den Feinheiten im Formulieren von Gedanken erlagen.

Die Stilisten haben gewonnen. Aufgabe der Schule wurde das Lernen von Latein und Griechisch, und die ungeschickte Vermittlung des Stoffes, die nicht die kindliche Natur berücksichtigte, führte dazu, daß die Jugend, weggestoßen von Natur und Leben, seine schönsten Jahre mit der Grammatik und dem Wörterbuch verbrachte.

Ein trauriges Beispiel für die Befürwortung dieser Richtung ist Johannes Sturm* Sein Ideal war die Wiedereinführung der Sprache Ciceros und Ovids, und die vierzehnjährige Schulzeit der Jugend verwendete er zur Vervollkommnung der Kunst der Schönrednerei.

Fünf Fehler werden von Quick* den Idealen der Renaissance vorgeworfen:
- daß der Gelehrte höher bewertet wurde als der Tatmensch;
- daß sie der Literatur größeren, direkten Einfluß auf das tägliche Leben eingeräumt hat, als sie faktisch besitzt;
- daß man allein den Büchern eine bildende Funktion zugeschrieben hat und dadurch Sehen und Beobachten gering eingeschätzt wurden;
- daß nicht Geist und Inhalt der Klassiker den Stilisten der Renaissance imponiert haben, sondern lediglich die Form;
- daß der Pädagoge dieser Epoche den Geist des Kindes verkannt hat, weil er ihn als tabula rasa betrachtete, und der nur dann einen Wert erzielte, wenn er mit der Kenntnis der alten Sprachen bestückt war.

Allerdings brachte die Epoche der Renaissance auch viele nützliche Gedanken in die Pädagogik ein. Montaigne*, ein Zeitgenosse von Sturm, verdient unsere Dankbarkeit durch seine Gedanken über das Lernen: »Wir lernen durch die Erkenntnis dessen, was gegenwärtig geschieht, nicht durch Vergangenheit oder Zukunft.« »Wir arbeiten ausschließlich daran, unser Gedächtnis vollzustopfen, Verstand und Gewissen jedoch lassen wir leer.« Noch im 16. Jahrhundert sagte Ratichius* daß jede Fremdsprachenlehre mit der Lehre der Muttersprache anfangen sollte«, »erst sollte man die Sache selbst angehen und sie dann erst beschreiben« (Ne modus rei ante rem).

Wir bewundern die Jesuitenschulen. Sie haben uns gelehrt, wie man die Jugend für schwer zugängliche, schwierige und schwer erlernbare Unterrichtsfächer interessieren kann. Man soll die Jugend ständig anregen und ihre Begeisterung für das Wissen schüren. Sie gewannen die Herzen der Schüler und somit auch ihre Begeisterung für das Wissen.

Im Erziehungs- und Bildungsbereich der Kinder und Jugendlichen machte sich der Fortschritt immer bemerkbarer. Comenius, Locke, Rousseau, Basedow, Pestalozzi und Fröbel – kommen zu immer großartigeren Entdeckungen in der kindlichen Geisteswelt. Die Naturwissenschaften kommen der Pädagogik zu Hilfe, sie bringen ihr neue Schätze an Beobachtungen, Erfahrungen und Untersuchungsergebnissen. Die Pädagogik wird zu einer Wissenschaft über die Materie.

Die Allgemeinheit öffnet die Augen für Dinge, denen gegenüber sie sich bisher gleichgültig und stur verhielt. Die Völker rechnen das Schulwesen zu den wichtigsten Angelegenheiten. Der Gedankenaustausch wird immer reger, viele bisher ungeklärte Einzelheiten werden in Diskussionen erläutert, die alten Vorurteile sind gefallen.

Letztlich ist unter dem Einfluß neuer Strömungen die bisher festgelegte schulische Programmatik gefallen. Im Jahr 1709 wurde die erste Realschule eröffnet. Danach kommt eine ganze Reihe von Reformen …

Immer mehr Einwände gegen den Klassizismus werden gemacht; er wird verhöhnt, man vergißt seine Verdienste, man erinnert sich nur an das widerfahrene Unrecht.

Die Naturwissenschaften sind jung, frisch, kraftvoll und lebendig, sie verringern den Einfluß des Klassizismus, nehmen dessen ersten Platz ein und drohen ihm mit Vernichtung.

Und die Unlust gegen die klassischen Sprachen wird in der Gesellschaft immer größer.

So wie in der Renaissance die Begeisterung für die Sprachen des Altertums ins Extreme stieg, so übertrieben ist derzeit der Enthusiasmus für die Naturwissenschaften.

Der Kult der Materie untergräbt die ideale Einstellung der Jugend. Werden in dreihundert Jahren nicht wieder Stimmen strenger Richter laut werden?

Aus der Alchimie und Astrologie wurde die Chemie und Astronomie geboren; könnte sich uns nicht aus den nichterforschten Kräften der Hypnose und des Spiritismus eine unbekannte geistige Welt eröffnen?

Kann ein sezierender Arzt, wenn er das Gehirn eines Verstorbenen in der Hand hält, behaupten, er hätte dessen Geist in der Hand?

Sie sind ein Gaukler, sehr geehrter Herr, wenn Sie behaupten, daß Sie schon alles wüßten und schon alles erkannt hätten. Die Zukunft ist Ihr Richter.

Was hat uns das Wissen gegeben?

Das Wissen gibt euch alles, das Wissen ersetzt euch das persönliche Glück, saugt eure Begeisterung auf, vereint eure gemeinsamen Kräfte; gibt euch ein Lebensziel, eine unabhängige Stellung, physische und geistige Gesundheit, Einfluß, Achtung, Zufriedenheit! Schaut, wie dieser Botaniker glücklich ist, der sein ganzes Leben über dem Mikroskop gesessen hat; der Mathematiker – Anführer langer Reihen von Zahlen und Zeichen; der Historiker, der sich so in die vergangenen Jahrhunderte vertieft hat, daß, wenn sein Geist nur für eine Weile von den geliebten Helden der Vergangenheit abgelenkt wird, er sich nach ihnen wie nach Brüdern, nach Gleichaltrigen sehnt.

Wir glauben an die zauberhafte Macht des Wissens. Wir haben das Buch unseren einzigen Freund genannt, das Wissen – die einzige Geliebte, das Forschen – das einzige Vergnügen, die Suche nach der Wahrheit – das einzige Lebensziel.

Unbesonnen wie wir sind, haben wir die Führer der Welt der Wissenschaft nicht gefragt, ob sie niemals beim Anblick eines fremden Glücks mit Bitterkeit gedacht haben: »wir haben das Leben verschwendet«, ob sie niemals angesichts der Not oder der menschlichen Unwissenheit in ihren Überzeugungen schwankend geworden sind.

Sollte man nicht den Menschen und nicht den Büchern sein Leben opfern?

Wir haben bedenkenlos an die Macht des Wissens geglaubt und begegneten ihr mit Begeisterung. Wir wollten ihr nicht zu Füßen sitzen, wir eiferten ihren Gipfeln entgegen, höher und immer höher.

Heute stehen wir auf halbem Weg, ermüdet, krank und traurig, und eine vorerst leise Klage ertönt, die immer lauter wird:

– Wir können nicht mehr, es geht über unsere Kräfte.

Dabei stimmen die mit der größten Ausdauer in unsere Klage ein.

Was hat uns das Wissen außer einer vergeudeten Gesundheit und einer unwiderruflich verlorenen Jugendzeit gebracht?

Sie hat uns keine glänzenden materiellen Gewinne gesichert; wir sind schlechtbezahlte Arbeitnehmer der Reichen. Gewitzte Dummköpfe haben sich die Früchte unserer Arbeit angeeignet; sie haben uns die Führung der Massen genommen, nur sie allein haben heute die Möglichkeit, in die Breite zu wirken. Nur sie profitieren von Neuerungen, Entdeckungen und unseren Erfindungen, und wir müßten uns mit jeder Idee, jedem Arbeitsergebnis an sie um Unterstützung werden, stets unter der Befürchtung, ob unsere jahrelangen Bemühungen und Anstrengungen ein gütiges Ohr finden werden.

Hat das Wissen ein persönliches Glück garantieren können?

Eine gewisse Zeitlang waren wir trunken vor Glück, ein Glück, das einem jede Arbeit, jedes Streben, jedes Ziel, jeder Gedanke, jede Idee verleiht. Heute sind wir traurig und fühlen uns matt. Wir mußten begreifen lernen, daß die Losung »Wissen um des Wissens willen«, »Wissenschaft für die Wissenschaft« begeistern kann; aber sie kann nur das Leben einzelner erfüllen, niemals das der Allgemeinheit. Die Wissenschaft kann ihre Fanatiker haben, aber die Allgemeinheit sollte sich nach dem Grundsatz richten: »Wissenschaft im Dienst des Menschen, unsere Arbeitskraft für die Mitbürger.«

Wir erkennen in der heutigen Gesellschaft eine neue Tendenz. Der Grundsatz: »Wir brauchen Wissenschaftler, aber vor allem Menschen der Tat« – wird immer lauter. Man braucht nicht viel führende Persönlichkeiten, sondern Tausende von Soldaten.

Diese neue Strömung, die die Berufstätigen vom Schreibtisch und den Büchern fortzieht, dem Leben und den Menschen zuwendet, hat einen Umbruch in den Erziehungsgrundsätzen bewirkt.

Für die gesellschaftliche Arbeit wird vor allem Gesundheit, starker Wille, stark ausgeprägter Altruismus, ein starkes Pflichtbewußtsein, Kenntnis des Lebens und der Menschen gefordert und danach erst das Wissen. Vor allem muß man das Kind beobachten, verstehen und lieben lernen, dann erst wird man es lesen lehren; man soll die Jugendlichen zu Taten anhalten, sie sollen nicht nur wissen und können. Man soll sie zu Menschen erziehen und nicht zu Gelehrten. Hat sich die Familie bereits diese neue Form der Erziehung angeeignet? In neun von zehn Fällen nicht.

Wir können die Gesundheit der Kinder nicht verbessern, denn wir kennen die theoretischen Ansätze der Physiologie, Hygiene und Kinderernährung nicht. Die Stadtkinder essen zuviel und eine für sie ungeeignete Nahrung, sie schlafen zu bequem, haben zuwenig Bewegung, kennen keine physische Arbeit, ihre Spiele sind für die Entwicklung des kindlichen Körpers wenig geeignet. Den starken Willen unterdrücken wir bewußt durch zahlreiche Verbote und Warnungen und verweichlichende gymnastische Übungen. Der Altruismus, die anziehende Kraft der Mitmenschen, der Verzicht auf einige Bequemlichkeiten, Vergnügen und Wünsche zugunsten anderer, ist sehr schwach verbreitet. Statt dessen entwickeln wir im Kind Egoismus, weil wir ihm auf Schritt und Tritt jeden Wunsch erfüllen. Bereits im frühesten Kindesalter erwecken wir in ihm durch unsere vorzeitige Bewunderung seines Verstandes und seiner Talente falsche Ambitionen. Dafür aber stopfen wir das Wissen, eigentlich nur Bruchstücke davon, zusammenhanglos in die Köpfe der Kinder, wie Lappen in den Kessel einer Papierfabrik, soviel wie möglich Fremdsprachen, soviel wie möglich Buchwissen, Tatsachen, Einzelheiten, sogar Talente.

Das wirkliche Wissen begeistert, entflammt, reißt mit, dieses jedoch ruiniert, weil es nicht aufbaut. Die schläfrigen Kinder schlucken es in großen Mengen und … können es nicht verdauen.

»Ein hervorragender Forscher«, sagt Brodziński*, »kann sagen, dass er nichts vollkommen weiß, aber in allem die Vollkommenheit Gottes sieht.«

Unser Wissen jedoch, im Sand zerbröckelt und bis ins Lächerliche populär gemacht, kann mit einer Aufschrift auf der Wachsfigur einer Warschauer Jahrmarktsbude verglichen werden: »Der Affe, ein Urmensch.«

Nicht grundlos haben die Magiker diejenigen geköpft, die ohne Vorbereitung in den Tempel des Wissens einzudringen wagten.

Wie haben sich die Schulen gegenüber dieser neuen Strömung verhalten, die es wagte, sich neben das Wissen zu stellen und den Charakter des Menschen und seine Begabung in Einklang zu bringen mit der Pflichterfüllung gegen sich selbst, gegen seine Familie und gegen die Gesellschaft? Es erübrigt sich die Frage, ob die Schule die Möglichkeit und die Pflicht hat, die Charaktere ihrer Schüler zu bilden, ob sie eine erzieherisch-wissenschaftliche Anstalt ist, oder nur eine wissenschaftliche Institution. Schule und Leben, allein schon der bloße Umgang miteinander, erzeugen viele Charaktereigenschaften. »Die Freundschaft«, sagt Czacki*, »sich selbst vergessen zugunsten der Allgemeinheit, hat selten ihre Altäre in der häuslichen Stille, solche sind nicht bekannt, jedoch findet man sie in der Masse Gleichaltriger wie in der allgemeinen Schule.« Weiter hat der Vorlesungsplan, die Art der Wissensvermittlung, einen starken Einfluß auf die geistige Entwicklung und auf den Charakter der Schüler. Heute, da diese Angelegenheit ein für alle Male entsprechend geklärt wurde, kommt jeder Streit darüber zu spät.

Die Schule *soll* erziehen, aber *kann* sie das auch da, wo es hauptsächlich um Disziplin und die Vorbereitung der Kinder auf ihre zukünftige berufliche Arbeit geht?

Wir zitieren Florian Łagowski* aus seinem Werk *Über die Moralerziehung in der Schule*:

»Ich muß die Eltern darauf aufmerksam machen, daß diejenigen, deren Kinder in Schulen sind, welche die moralische Erziehung der Kinder nicht im Auge haben, ungeachtet der Tätigkeit der Schule in diesem Bereich die Familienerziehung aktivieren und selbst leiten sollten oder Personen anvertrauen, die dieser Aufgabe gewachsen sind.«

Wenn wir davon ausgehen, daß die Unterrichtsfächer der Mittelschulen nicht Ziel, sondern ein Mittel zur Charakterbildung sind, daß die Schule nicht ausschließlich Verstand und Gedächtnis oder Phantasie bilden soll, sondern auch das innere Geistesleben des Menschen – kann uns entgegengehalten werden, daß die Schule vor allem die Pflicht hat, den Schüler auszubilden und ihn für seine spätere Erwerbstätigkeit vorzubereiten. Wenn wir fordern, daß in den Mädchenschulen das Hauptgewicht auf die Bildung des Charakters gelegt werden sollte, könnte man uns antworten – wir haben keine Zeit zu Auseinandersetzungen.

»Man soll die Mädchenschulen verbessern«, sagt der berühmte französische Publizist Simon*, damit die Ehemänner ein ruhiges Heim vorfinden, kluge und edelmütige Lebensgefährtinnen haben, einen Halt gegen die Lebensausschweifungen, um den Kindern Mütter und Erzieherinnen zu geben, die einer physisch geschwächten Generation Gesundheit und Kraft verleihen, um die Lebensgeister einer schon mutlosen Gesellschaft zu wecken, die nicht weiß, was sie mit dem Aufwallen ihres Herzens tun soll.«

Die zeitgenössische Schule

Alle Forderungen, Beschlüsse und Bemerkungen der letzten Zeit über das Schulwesen, von einzelnen abgegeben oder von Gruppen – von Hochschulprofessoren, Lehrern der Mittel- und Volksschulen und auch von der Jugend selbst – stimmen in einem Punkt überein: Die Reform des Schulwesens steht im engen Zusammenhang mit allgemeinen Staatsreformen.

Das ist ganz verständlich: Die Schule ist eine Institution, die abhängig ist von zahlreichen zusammenhängenden Faktoren, deren Querverbindungen einen direkten Einfluß auf sie ausüben; die Schule reflektiert sie und ist ihnen völlig untertan.

Die Lebensbedingungen der Allgemeinheit müssen auf den schulischen Bereich angewendet werden. ...

»Die Aufgabe der Schule ist die Bildung, der Familie – die Erziehung« – dies ist eine der banalen Phrasen, gezüchtet von falschen Befürwortern einer von Zeit und Umwelt unabhängigen Schule, die nur dem reinen Wissen dienen soll, ohne jegliche politische Färbung, mit anderen Worten – eine Schule auf dem Mond.

Man muß zugeben, daß dieser Standpunkt sehr bequem ist, aber auch rücksichtslos verlogen; es ist allerhöchste Zeit zu erkennen, daß das Gehirn und das Herz keine Einzelpakete, Säkke oder Lagerräume sind, wobei einer einen Laden, vollgepfropft mit angelerntem Wissen darstellt und der andere ein Gewächshaus mit neugezüchteten Charaktereigenschaften. Die Schule bildet und erzieht gleichzeitig, erzieht in einer von vornherein bestimmten Richtung, die abhängig ist vom allgemeinen politischen Kurs der jeweiligen Länder. Ihnen dient die Schule zur Durchführung dieser oder jener politischen Pläne.

Der Staat möchte solche und keine anderen Untertanen und Bürger haben, und man verabschiedet Gesetze, die das Einhalten einer bestimmten Richtung fordern. Es entsteht eine Armee von Beamten, die mit der Atmosphäre dieser Anordnungen und Verbote vertraut sind; in der gleichen Atmosphäre werden Schulbücher geschrieben, entsteht eine Schulgesetzgebung, schließlich wird eine strenge Kontrolle angeordnet, sie wird verringert oder verstärkt, sofern ein wirklicher oder erfundener Bedarf dafür besteht – und so pflanzt es sich fort, bis schließlich ein neuer Kurs, neue Gesetze, Schulbücher und Beamte aufkommen.

Auf der Grundlage der Finanzen, die ein Land für das Schulwesen aufbringt, wird entweder eine Schulpflicht eingeführt, und man geht das Ziel konsequent und schnell an und sichert sich den Einfluß der Schule auf die Gesellschaft, schafft Garantien für eine perfekte Armee gut bezahlter Funktionäre, oder man beschränkt sich auf die Beeinflussung der unmoralischen Eltern, auf eine Zusammenarbeit mit Richtung auf das festgelegte Ziel.

Es ist heute für niemanden ein Geheimnis mehr, daß die gegenwärtige Schule eine durchaus nationalistisch-kapitalistische Institution ist, daß ihre erste und wichtigste Aufgabe die

Erziehung klerikaler Zentristen und Patrioten – Nationalisten ist.

So erziehen die englischen Schulen tapfere, gewitzte und umsichtige Plantagenbesitzer – Kolonisten und Fabrikanten, deren Aufgabe die Nutzbarmachung immer neuer Gebiete ist, die Ausbeutung immer neuer Handelszentren, Unterdrückung eroberter Stämme und Völker der englischen Macht. Und diese durch und durch unmoralischen Ziele erreicht die Regierung mit Erfolg durch die musterhaften englischen Schulen. So ist es Aufgabe der deutschen Schule, Achtung vor der verschrobenen Verfassung zu wecken und ihre Schüler zum Glauben an die Macht der preußischen Kanonen und der preußischen Zivilisation zu erziehen. Die Schule in Galizien möchte (nicht immer gelingt ihr das) Wiener Lakaien und Karrieremacher züchten, womit sie im allgemeinen Trend der Volksschulen fromme Schafe der Mittel- und Höheren Schulen, gehorsame Diener und mehr oder weniger ehrliche Beamte heranbildet.

Ein charakteristisches Merkmal ist, daß überall mehr Geld für Armeen als für Schulen ausgegeben wird, für Schrott – statt für zukünftige Bürger, zukünftige Menschen. Die gegenwärtige Schule stöhnt unter dem Druck des Militarismus, der sich auf ihre Finanzen wie auch auf ihre ideellen Ziele auswirkt; der ganze Unterschied beruht auf der Effektivität.

Es werden konsequent jene Nebenziele verfolgt, die abhängig sind von materiellen und moralischen Wertungen, die logischerweise nichts mit den wissenschaftlichen Zielen gemeinsam haben. Dort wo die Schulen offen wirken und der gesellschaftlichen Kritik ausgesetzt sind, dort zwingt die Zielsetzung zur Disziplin; es besteht eine lex dura (strenges Gesetz), die Willkür ist geringer, es besteht keine offene Ungerechtigkeit, man darf auf eigene Faust nichts unternehmen und nicht über die Paragraphen hinausgehen. Dies hat seine positiven Seiten, denn zusätzliche und zufällige Möglichkeiten eines Mißbrauchs werden unterbunden, es gibt aber auch die negativen Seiten, es wird keine Unruhe geweckt, und die allgemeine Passivität wirkt sich hemmend auf das Streben nach Fortschritt aus.

Über das Schulwesen hat sich eine umfangreiche Literatur angesammelt; bis ins kleinste Detail wurden alle seine zahlreichen Wehwehchen behandelt, und deren gibt es eine Menge, eine Unmenge. Die Sache der Lehrpläne – klassische oder reale Richtung, dieses oder jenes Religionsunterrichts, das Problem der Überlastung der Schüler – und viele, viele andere – diese Angelegenheiten, schon tausendmal besprochen, stehen heute wie auch vor Jahren auf dem Tagesprogramm – nicht gelöst, reizen und schmerzen deshalb, weil sie die Hilflosesten, die das größte Recht auf Fürsorge haben, betreffen – die Kinder und die Jugendlichen; und überall heute wie schon seit Jahren wartet die englische, französische, deutsche, polnische oder russische Jugend – unter dem ungünstigen und schädlichen Einfluß der Schule angestrengt auf die Förderung ihrer Gesundheit und die Formung ihres Charakters – wartet sie schon lange Jahre, die schönsten und glücklichsten Jahre in sinnloser Erstarrung, wartet sie auf eine Reform.

In den Schulen des »zivilisierten« Europas warten die Kinder bereits schon jahrelang auf das Stückchen Papier, das ihre legale Reife (oder nicht) bezeugen soll, um dann die zugesprochenen Rechte zu erhalten.

Nur mit Ironie kann man heute von einem »zivilisierten« Europa sprechen. Eben diese Zivilisation schaut gelassen und zugleich gierig auf ihre Produkte, auf die Vernichtung Tausender von Menschen. Das zivilisierte England mit seinen erstklassigen Schulen hat das Durcheinander genutzt und raubt Geld und besetzt die ertragsreichsten Gebiete. Das zivilisierte Deutschland macht Wuchergeschäfte mit schandhaften Handelsverträgen. Jeder sieht sich um, was bei einem Brand zu rauben ist, wenn Menschen sterben, Tausende von Menschen. Und dasselbe England mit seinem vorbildlichen Schulwesen, hat es nicht eine der schmachvollsten Gewalttaten in der Geschichte begangen[*] – sterben die Bürger nicht vor Hunger in den Kellerwohnungen der Hauptstadt dieses mächtigen Staates? ...

Ist in dieser Situation ein Abwenden von alldem nicht bewußt gewollt und lügnerisch: Die Aufgabe der Schule ist Bilden und nicht Erziehen, Lehren, wo es in Afrika Vulkane gibt und Vorgebirge in Amerika, und nicht – daß z. B. in den feuchten Kellerwohnungen die Läuse die Kinder von außen auffressen und die Tuberkulose von innen? Versteht nicht überall die Schule unter allgemeiner Bildung Reihen von Tatsachen und Zahlenreihen, die man ein paar Tage oder ein paar Wochen nach der Prüfung vergißt, im besten Fall nach einigen Monaten, und wo bleibt das Verständnis, das Bewußtsein für die vielen Mißstände, die Gegensätze und Morde des gegenwärtigen Lebens – Bewußtsein und Aufstehen zum Kampf? Die Allgemeinbildung – das ist das höchste, bewußte Wirkungsfeld für Wahrheit und Gerechtigkeit; eine solche Allgemeinbildung kann und will keine kapitalistische Schule vermitteln, weil deren Aufgabe um jeden Preis in der Erhaltung des für die bevorzugten Schichten bequemen Status quo liegt.

Über die Überlastung der Schüler wurden in Europa ganze Bibliotheken angefüllt; und dabei kann dieses so verzwickte Problem so einfach und schnell gelöst werden, wenn man bei dem Grundsatz bleibt, daß Aufgabe der Mittelschule nicht das Wissen, sondern die *kindliche Entwicklung* ist, kein Anfüllen der Köpfe mit unnötigem Ballast, sondern Vorbereitung auf das Leben, in das sie als *reife Menschen* eintreten. Ist es nicht sonderbar, daß die Schule das Reifezeugnis grundsätzlich dafür verleiht, daß der Schüler die Logarithmen kennt und die Mondfinsternis erklären kann. Wobei bekannt ist, daß derjenige reif für das Leben ist, der weiß, wofür er lebt, sein Verhältnis zu den Menschen und zu der Geschichte der Menschheit kennt – und sich daran hält.

Die Schule sollte eine Schmiede sein, wo die heiligsten Losungen ausgestemmt werden, alles, was Leben bedeutet, sollte von dort kommen – sie sollte am lautesten nach den Menschenrechten rufen, mit dem größten Mut und ohne Skrupel das anprangern, was im Leben sumpfig ist. Und dies kann nur eine nicht reparierte, zusammengeflickte und erneuerte Schule leisten, sondern nur eine von Grund auf andere – nicht eine vom Mond – nicht eine solche, wie wir sie heute überall finden.

Solidarität

Es gibt im Internat ein für den unkritischen Erzieher ärgerliches Phänomen. Wenn ein Erzieher einen – sogar bei allen – unbeliebten Zögling hart anfaßt, findet er, wie aus Trotz gegen den Erzieher, gleich Beschützer. Er wird von einer geschlossenen Gruppe von Beratern und Tröstern umgeben, es scheint, daß ihn die Stimme der kameradschaftlichen Solidarität beschützt.

Vielleicht sind die von der Polizei gesuchten Banditen ähnlich populär und erwecken allgemeine Sympathien. Vielleicht haben in den meisten Internaten die Schlechteren auf gleiche Weise die Autorität und finden Gehör …

Es ist unangenehm, etwas abzuschlagen, unangenehm zu verbieten, unangenehm zurechtzuweisen, auch bestrafen ist unangenehm, ebenso Zorn und Leid zu erwecken, und umgekehrt ist es angenehm, Freude, Lachen und Zufriedenheit auszulösen.

Darf man nicht auch das tun, was unangenehm ist?

Es ist unangenehm, die Kinder vor Gericht zu stellen, das Herausgeben von Fundsachen zu verweigern, ein unerlaubtes Spiel zu unterbrechen. – Hat diese träge und kurzsichtige Gutmütigkeit nicht ihren Ursprung in Faulheit und Egoismus? Vermeiden wir das, was unangenehm ist?

Es ist leichter sich nicht anzustrengen, bequemer, nicht das zu tun, was unerfreulich ist, bequemer, unrechte Taten zu tolerieren, Schuldige oder Leichtsinnige zu beschützen.

Die Interessierten wissen darum und spekulieren entsprechend. Sie werden dreist, und es entsteht ein Ferment, das erst nach einiger Zeit so spürbar wird, daß man es beim plötzlichen Explodieren verpuffen und rücksichtslos ersticken lassen muß. Das reizt um so mehr, als es eine unerwartete Handlung darstellt, die, ohne sich anzukündigen, im Moment der Gereiztheit eintritt.

Vielleicht profitieren rivalisierende politische Parteien davon, daß die feindlichen, zerstrittenen Lager erst zu ihrem persönlichen Vorteil gegen die schädlichen Mitglieder der gegnerischen politischen Richtung vorgehen. Die Linke greift Diebe, Karrieremacher und Schädlinge der Rechten an, indem sie die eigenen versteckt, die Rechte tut das gleiche. Daraus resultiert gesellschaftliche Wachsamkeit und Kontrolle. Die Rivalität hält das Gleichgewicht und zügelt den Appetit auf Eigenmächtigkeit und Selbstherrlichkeit.

Das Internat, welches keine sich bekämpfenden Parteien aufzuweisen hat, wählt den bequemeren Weg der Solidarität und verheimlicht die Ausschreitungen.

Solidarität – ist ein schon oft beschrittener Weg, ein bequemes Mitschwimmen mit dem Strom (stromabwärts). Man vermeidet Mühe, die Unlust an unbequemen Situationen und unnützes Nachdenken, was durch Zeitmangel und Schnellebigkeit begünstigt wird. Es lohnt sich nicht.

Andererseits gibt es eine Solidarität der Anstrengungen, eine Solidarität geschlossener Gruppen, die ein gemeinsames Ziel oder gemeinsame Interessen verbindet. Mit anderen Worten steht einer zufälligen, faulen und chaotischen eine überlegende, aktive und schöpferische Solidarität gegenüber.

Ein Dieb in der Schule für das Leben

Ein Schüler unserer Schule ein Dieb. Der dreizehnjährige Wacław Kurek hat versucht, auf dem Marktplatz bei der Bednarska-Straße ein Päckchen Tabak zu stehlen, und wurde festgenommen, wovon man die Schulverwaltung unterrichtete.

– Welche Garantie könnt ihr dafür geben, daß eure Schule für das Leben nicht eine Schule für Straßendiebe wird?
– Einige ausländische Zeitschriften nannten die Schule ein interessantes Experiment; können wir dann erlauben, daß man diese Erfahrungen, diese moralischen Vivisektionen an unseren Kindern macht?

– Wenn ihr die Kinder als reife Menschen anerkennen wollt, so müßt ihr ihnen Alkohol und Zigarren spendieren, damit sie nicht zu stehlen brauchen.

Solche Vorwürfe macht uns die Gesellschaft, und sie fordert die Schließung der Schule. Die Werkstätter und das Internat sollen dagegen nach Einführung der in anderen Institutionen verbindlichen Vorschriften und Regeln erhalten bleiben, die weiteren Gebäude wie das Arbeiterhotel, Krankenhaus, Badehaus, Bücherei sollen jedoch der Kontrolle der caritativen Gesellschaft unterstellt werden.

Diese Angelegenheit drang bis Petersburg vor. Dort hat man unter Berücksichtigung der erst vor drei Monaten stattgefundenen Gründung der Schule beschlossen, den Bürger Kurek aus der Haft zu entlassen und ihn von der Schule bestrafen zu lassen, weil er keine Eltern mehr besaß. Außerdem machte man geltend, daß der Fortbestand der Schule nur garantiert werden könne, wenn sie nicht gegen die öffentliche Ordnung verstoße und wenn die Betreuung der Zöglinge gesichert sei.

Soweit Petersburg – und was machen wir? ...

In der Werkstatt sind schon dreimal geringfügige Diebstähle vorgekommen. Das Leben warnt uns gewissenhaft, nur können wir seine klugen Hinweise noch nicht verstehen. Und das ist ganz begreiflich, denn wir sind noch neu auf diesem Gebiet, Schüler der eigenen Schule. Irgendwo ist eine kleine Unkorrektheit oder Nachlässigkeit verborgen, und das Leben, diese ungewöhnlich kunstvolle Maschine mit einem Alarmsignal, gibt uns dies bekannt.

Und diese Nachlässigkeit wurde in den letzten Versammlungen aufgeklärt.

Wir haben die Schule als erzieherische Institution ins Leben gerufen, die die normale Entwicklung der Zöglinge fördern soll. Der erzieherische Faktor, der einzig rationelle in einer geistig normalen Institution, ist die gezielte Arbeit. Dieser Grundsatz hat sich als richtig erwiesen, und das kann von niemandem mehr bestritten werden.

Mit den Schülern gemeinsam haben wir einige Punkte des

Schulkodex ausgearbeitet. Die Vorschriften für die Schlafsäle, die Stunden des Frühaufstehens, der Mahlzeiten und Ruhezeiten wurden zusammen aufgestellt.

Ein Plan über jetzige und künftige Aktivitäten hat sich herauskristallisiert. Noch nicht alle haben ihren Weg gefunden – hier gibt es jedoch keine Fehler.

Die Schule für das Leben hat sich auf Grund ihrer Voraussetzungen dazu verpflichtet, das gesamte geistige Reservoir ungeachtet seiner Quantitäten und Qualitäten zu nutzen. Für uns gibt es kein brachliegendes Land. Wir haben jedoch nichts in der Richtung unternommen, um zu erkennen, inwieweit dieses Material den Normen entspricht. Wir halten es nicht für nützlich, für einen solchen Fall eine Untersuchung, Diagnose und Heilung vorzusehen.

Die Aufgabe des Erziehers liegt in einer normalen Entwicklung des Zöglings unter Beseitigung ihrer Hindernisse. Das geeignetste Terrain für die Genesung ist das Land. Deshalb brauchen wir eine Sommerkolonie auf dem Lande, wo die Seele des Kindes das Gleichgewicht wiedererlangt, wo sie ausruhen und die Wunden heilen kann, die ihr das bisherige Leben geschlagen hat. Es wird um so nötiger sein, als die Gesellschaft uns mit einem Material versorgen wird, das für sie untauglich und unbequem ist.

Wir haben in der heutigen Versammlung diese Angelegenheit zusammen mit den Kindern besprochen. Wir haben beschlossen, sofort ein Landhaus zu mieten und alle diejenigen dort hinauszufahren, die wir noch nicht so gut kennen, über die wir noch keine Gewißheit haben, ob sie nicht nur in der Gemeinschaft arbeiten, sondern bereits in ihr leben können.

In der nächsten Zeit werden wir weit außerhalb der Stadt, weit von der Bahnverbindung, eine eigene Sommerkolonie aufbauen, die nicht nur unsere Beobachtungsstation, sondern je nach Bedarf auch ein seelisches Sanatorium sein soll.

Dort soll der Schüler die Sehnsucht nach Menschen und Arbeit kennenlernen. Unsere heutige Versammlung hat uns noch etwas gezeigt. Die Schule für das Leben ist für die Kinder bereits zum Symbol ihrer gemeinsamen Ehre geworden, und auch zu etwas, das vor den Attacken der Außenwelt zu verteidigen ist, was keinen Makel haben darf. Sie versammeln sich unter der Schulflagge, um zu kämpfen. Sie sagen: unsere Schule. Dies ist ein erstrangiger Erfolg.

Niemand hat sie auf den Gedanken gebracht, daß die Arbeitsbluse des Schülers Achtung erwecken soll, was um so wertvoller ist, als dieses Gefühl meist aus einer Art Eifersucht entstand, meist aufgezwungen und befohlen wurde. Ganz objektiv haben wir den Kindern den Fall vom Diebstahl vorgetragen. Sie sind selbst daraufgekommen, daß die öffentliche Meinung voller Mißgunst und Abneigung ist und nicht auf Gerechtigkeit beruht, – und um so stärker fühlten sie sich mit der begonnenen Arbeit verbunden.

Aus der lockeren Gruppe, wie sie sich aus verschiedenen Altersgruppen, Eigenschaften und einer sehr unterschiedlichen Vergangenheit herausgebildet hat, formiert sich eine Gesellschaft, die das Bedürfnis nach gegenseitigen Zugeständnissen hat, die unter Gemeinschaftsleben eine gegenseitige, aufmerksame Kontrolle und Zusammenarbeit versteht; sie fangen an, die Solidarität der Verantwortlichkeit und der Zielstrebigkeit zu begreifen.

Das, worin die öffentliche Meinung eine erste Lücke in unserer Theorie zu sehen vermeinte, den Vorläufer des Zerfalls, das hat uns darin bestärkt und sicher gemacht, den richtigen Weg eingeschlagen zu haben.

Das Kinderparlament

Wenn die Kinder bei den Eltern wohnen, werden sie besser beaufsichtigt. Wenn die Mutter nicht außer Haus arbeitet, paßt sie auf die Kinder auf, und wenn sie sieht, daß es ihr nicht gelingt, beklagt sie sich beim Vater. Wie oft sagt die Mutter: »Mach das nicht, mach dies nicht.«
– Lauf nicht im Hof herum, lerne, bring das hin, gib das her, spiele nicht mit dem Bengel, wasch dich, sei nicht so laut, langsam, paß auf …

– Manchmal so: Warte, ich kriege dich schon noch. – Ich sag
es dem Vater. Sei nicht so vorlaut, sonst kannst du was erleben.

Manchmal verliert die Mutter die Geduld:

– Eine Plackerei mit diesem Kind, der Herrgott hat mich ge-
straft.

Und das Kind hat entweder Angst oder will die Eltern nicht
bekümmern, und es weiß auch selbst, daß man nicht alles tun
darf, was einem einfällt.

Bei sechzig Kindern ist eine solche Aufsicht nicht möglich,
obwohl Ordnung sein muß. Und die Leute denken nach, was
zu tun ist. Seit langem denken sie darüber nach und versuchen
alles Mögliche.

Einer sagt:

– Am besten schlagen.

Der zweite sagt:

– Das ist nicht recht: besser erklären.

Der dritte sagt:

– Man kann mit Güte etwas erreichen, aber nicht jedes Kind
versteht das.

Der vierte sagt:

– Am besten, dem Unartigen nichts zu Essen geben. Wenn er
hungrig ist, wird er gehorchen.

Manche wollen belohnen statt zu strafen: Wer seine Klei-
dung schont, der sollte gelegentlich eine schönere, saubere
Kleidung bekommen. Wer arbeitsam ist, der hat ein Recht auf
Spiel.

Bis die Leute ein Stufensystem ausgedacht haben. Wer arbeitsam ist und sich gut verhält, der bekommt eine ›Eins‹. Der,
der ein bißchen schlechter ist, eine ›Zwei‹. Bei weder gut noch
schlecht gibt's eine ›Drei‹. Schlecht: ›Vier‹. Sehr schlecht: einen
Balken.

Aber es genügt nicht zu sagen:

– Ich will schlagen.

Oder

– Ich will belohnen.

Es muß geklärt werden, warum man das so will.

Einer sagt:

– Wenn wir strafen, fangen die Kinder an zu lügen, werden sich verstecken, niemand wird sich zur Tat bekennen, niemand wird die Wahrheit sagen. Sie werden uns hintergehen und damit angeben. Wer gewitzt ist, kommt immer heraus, und ungerecht bestraft wird meist der, der am unschuldigsten ist.

Der zweite sagt:

– Also müssen wir gut aufpassen. Man muß die Kinder immer bei sich behalten, sie dürfen nirgends allein hingehen. Alle sollen entweder im Zimmer oder draußen sein. Man muß immer aufpassen und Obacht geben und verhindern, daß sie etwas anrichten.

Und der dritte sagt:

– Ein ordentliches Kind wird sowieso ein ordentlicher Mensch, und ein Taugenichts bleibt ein Taugenichts.

So sprechen die Erwachsenen. Und jeder schlägt etwas anderes vor.

Und wir selbst haben auch etwas ausprobiert. Solange, bis eine Probe ein bißchen gelang.

Wir haben so gesagt:

– Sollen die Kinder sich selbst verwalten. Wenn sie das gut besorgen, dann werden sie sich wohl fühlen; wenn sie sich schlecht selbstverwalten, wird es ihnen schlecht ergehen. So werden sie lernen, sich gut zu führen; sie werden vorsichtig sein, denn sie streben danach, daß es ihnen gut geht.

Wir haben erklärt:

– Wir werden ein Parlament wählen. Die Kinder werden selbst die Abgeordneten wählen. Die Kinder werden selbst gewählt. Wer vier Stimmen hat, wird Abgeordneter des Parlaments. Dann wird jede Angelegenheit dem Parlament zur Entscheidung vorgetragen, und die Abgeordneten werden nach einer Besprechung entscheiden, was zu tun sei, damit es besser werde.

Wir dachten:

– Wir, die Erwachsenen, wissen viel über das Kind, aber wir können uns irren. Das Kind allein weiß, ob es sich wohlfühlt oder nicht.

Soll das Parlament entscheiden, was man tun soll, damit sich jeder ruhig ausschlafen kann, damit jeder in Ruhe beten kann, ruhig essen, lernen und spielen. Soll das Parlament selbst entscheiden, was man tun soll, damit einer den anderen nicht piesackt, ihn nicht stört, ihn nicht schlägt und nicht betrügt. Soll das Parlament selbst entscheiden, was man tun soll, damit es bei uns keine Tränen und Klagen gibt, damit es fröhlich bei uns zugeht.

In Warschau entscheidet der Sejm (das Parlament) darüber, wie man in ganz Polen Ordnung schafft, dafür gibt es 200 Abgeordnete. In »Unserem Haus« wird es zwölf Abgeordnete geben. In Warschau haben die Abgeordneten täglich Sitzung, weil viele Angelegenheiten zu entscheiden sind.

In Warschau werden sechs und acht Stunden täglich beraten. Und uns genügt eine Stunde, weil wir nicht viel zu beraten haben, denn »Unser Haus« ist klein. Aber unser Sejm wird wie der Warschauer Sejm verschiedene Gesetze verabschieden. Ich glaube, so wird es gut sein.

Aber was soll man tun, wenn sich jemand nicht unseren Gesetzen unterordnet? Was tun, wenn jemand sagt:

– Mich geht das Parlament nichts an.

– Mir gefällt es so besser, fertig.

– Was kann mir das Parlament schon wollen.

Das Parlament wird Gesetze verabschieden, aber es muß jemand die Gesetze überwachen, damit sie eingehalten werden. Wenn Frau Maryna* etwas anordnet oder verbietet, dann überwacht sie ihre Anordnungen, und wenn das Parlament etwas verabschiedet, wer wird dann diese Verordnungen überwachen?

Bei uns wird eine Zeitung herausgegeben.

Die Zeitung versucht zu erklären, bittet oder wird böse. Und das hilft. Denn es ist unangenehm, wenn man von der Zeitung angeschwärzt wird. Es gibt welche, die nicht weinen, wenn man über sie in der Zeitung schreibt, es gibt aber auch solche, die nicht möchten, daß man über sie schlecht schreibt.

Aber es kann sich auch jemand finden, der sich nichts daraus macht.

– Sollen sie schreiben, und ich werde tun und lassen, was ich will. Ich will stören, zur Last fallen, will die Ordnung durcheinander bringen, es ist mir egal, was man über mich in Pruszków und Warschau denkt und spricht.

Die Zeitung erklärt, bittet und ist böse, aber das hilft nichts. Man vergibt ihm, aber er will sich gar nicht bessern.

Dasselbe kann auch mit dem Parlament geschehen, wenn jemand dessen Gesetze nicht anerkennen will. Bei den Erwachsenen werden die Parlamentsbeschlüsse durch ein Gericht überwacht. Auch wir sollten versuchen, in unseren Angelegenheiten zu entscheiden. Die Kinder selbst geben Gesetze heraus, sie selbst werden sie durch ein eigenes Gericht hüten.

Jeder kann Richter sein.

Einmal in der Woche werden fünf Richter ausgewählt, und sie haben über die wichtigsten Angelegenheiten zu entscheiden. Wenn jemand sehr quält, die Ordnung mißachtet, stört, schlägt, stiehlt und nicht das tun will, was das Parlament verordnet hat, so wird diese Angelegenheit vor das Gericht gebracht, und wiederum werden die Kinder entscheiden, wer recht hat.

Die Richter werden den Freispruch erwirken oder eine Strafe verhängen.

Die Richter werden vergeben, wenn jemand Böses aus Unwissenheit oder Unkenntnis begangen hat. Die Richter werden vergeben, wenn jemand Böses getan hat, er sich jedoch bemüht, das Unrecht wieder gut zu machen, und er bereut. Die Richter werden vergeben, wenn jemand im Zorn oder im Scherz zugeschlagen hat, oder wenn er etwas versehentlich tat, oder aus Unbedachtsamkeit.

Die Richter werden nicht vergeben, wenn jemand überhaupt nicht gehorchen will, sich nicht bemüht und sich nicht bessern will. Dann vergeben die Richter nicht und verhängen eine Strafe.

Was für Strafen wird es geben?

Die Erwachsenen haben verschiedene Arten von Strafen. Alle Strafen sind in einem Buch zusammengefaßt, und dieses Buch wird Strafgesetzbuch genannt.

Wir werden auch ein Strafgesetzbuch haben.

In diesem Kodex werden alle Strafen der Reihenfolge nach vermerkt: die erste lautet so, die zweite so, die dritte so und so. Nummer eins, die Strafe Nummer zwei, Nummer drei – die und die Strafe. Diese Nummern im Strafgesetzbuch nennen sich Paragraphen.

Auch in unserem Strafgesetzbuch wird es Paragraphen geben.

Wenn die Richter behaupten, daß jemand etwas Böses getan hat und seine Tat unter § 1000 fällt – dann heißt das, daß er »Unser Haus« verlassen muß.

Wenn jemand § 900 bekommt, dann kann ihn ein gutes Kind unter seinen Schutz stellen und ist für alle seine weiteren Taten mitverantwortlich. Wenn ihn niemand betreuen will – muß er »Unser Haus« verlassen. Das bedeutet dann, man hat ihn hinausgeworfen. Er wird nicht hinausgeworfen, er geht aus freien Stücken, denn er will sich nicht unseren Gesetzen unterordnen. Vielleicht findet er ein anderes Heim mit anderen Hausordnungen, und dort wird er sich wohlfühlen.

Wenn jemand § 800 bekommt, dann wird er für eine Woche aus dem Gericht ausgeschlossen, er kann jedoch bei uns weiterwohnen und essen, aber er ist nicht mehr einer von uns, er ist ein Fremder: er kann jedoch bleiben.

Wer § 700 bekommt, dem wird erklärt, daß er Unrecht getan hat, und man berichtet in einem Schreiben seiner Mutter oder seinem Vater, seiner Tante und der ganzen Familie davon.

Wer § 600 bekommt, der muß an der Tafel öffentlich bekanntgeben, daß er Unrecht getan hat.

Wer § 500 bekommt, über den berichtet man in der Wandzeitung.

Bei § 400 sagt man lediglich, daß er unrecht gehandelt hat.

§ 300 – er hat schlecht gehandelt

§ 200 – er hat unrecht getan

§ 100 – ist die geringste Strafe; das Gericht verkündet nur, daß man nicht vergeben kann.

Im Warschauer »Waisenhaus« besteht das Gericht schon seit zwei Jahren, und nur einmal wurde das Urteil nach § 1000 und nur zweimal nach § 600 verkündet. Denn die Richter sind selbst Kinder und wissen, wie schwer es ist, kein Unrecht zu tun, und sie wissen auch, daß sich jeder bessern kann, wenn er nur will und sich ernstlich bemüht.

Die Strafen unseres Kameradschaftsgerichts, die Paragraphen unseres Strafgesetzbuches sehen keine Prügelstrafe vor, sie schließen niemanden in dunkle Kammern ein, sie verweigern niemandem weder Essen noch Spiel. Die Paragraphen unseres Strafgesetzes sind nur Verwarnungen und Mahnungen.

Sie sagen aus:

– Du hast unrecht getan, schlecht, sehr schlecht. Bemühe dich, gib acht!

Habt die weiße Taube
Eurer Sehnsucht lieb!

Ermutigung

Nein, meine Herren, Philanthropie
ist eine Unzucht des Herzens,
ein Delirium
und nicht die nüchterne Stimme des Gefünls.

Der Frühling und das Kind

Erinnerungen an den letzten Krieg.*

Unsere Marschkolonne durchquerte ein fast gänzlich ausgebranntes Dorf. Ein herrlicher Frühlingstag. Das Unkraut stand hoch zwischen den Büschen auf den Feldern. Eine Ruine menschlichen Daseins. Hier ein Schornstein, dort ein aufgerissenes Haus, hier Pfähle eines umgefallenen Zaunes. Verrußte Skelette im triumphierenden, ungestraft wachsenden grünen Unkraut.

Ein Bild: ein zerstörtes Haus, eine verrußte Wand, etwas überdacht, ein wenig Putz. – An den verkohlten Balken hängt eine aus Stacheldraht gefertigte Schaukel: statt des Sitzes – die auf Draht gezogene Hülse eines Artilleriegeschosses.

Und ein Kinderlachen, laut und übermütig – auf der Brandstätte. Ein Symbol. Trotz des Verbrechens, trotz der erbärmlichen vernichtenden Gewalttätigkeit der Menschheit – geht das übermächtige Leben weiter, voller Hoffnung, ohne Sorge, als ob es ewig währen wird.

Tagtäglich haben wir uns gefragt, wann es soweit ist, wann endlich; – in qualvollen Gedanken haben wir einen Strich unter diese teuflische Komödie gezogen.

Ist es soweit – wann endlich?

Soviel Leben wurde vernichtet, Herzen sind gestorben. Die Tränen der Frauen, Gebete der Mütter und Hunger der Kinder haben um Erbarmen gejammert. Es brannten Häuser und Rechte, auf den Kreuzwegen irrten Menschen und obdachlose Menschenseelen umher.

Wann wird die Bosheit oder die Geduld ein Ende haben? Wann wird die sich erbarmende Hand des Friedens die Macht aus den blutigen Händen der Brandstifter und Giftmörder nehmen?

Wann?

In diese hilflose Pein, in Schande und Niederlage und gänzlich unerwartet – schlägt übermütiges, herausplatzendes, freudiges, frohes Kinderlachen ein, das die Zukunft besingt, den Frühling ruft und ein Morgen verkündigt.

Ich kann mich an den ersten Besuch der amerikanischen Gäste im Waisenhaus erinnern. Die Jungen, mit Stöcken bewaffnet, in Papierhelmen, spielten gerade Krieg. – Erstaunen, eine gewisse Verlegenheit, sogar – Enttäuschung. – Also ist es nicht so schlimm?

Sie kannten die von uns neuerdings gemachte Entdeckung nicht: Wenn ein Kind nicht gestorben ist, nur hungrig, nur vor Hunger schwach ist, – dann baut es aus Stacheldraht auf einem verkohlten Balken eine Schaukel. Darüber berichtete einst nur die Schriftstellerin Konopnicka, als sie ihre Erzählung *Unser Gaul* (»Nasza szkapa«) schrieb[*].

Man hatte gedacht: Nach diesem Krieg wird kein erwachsener Mensch mehr den Mut haben, ein Kind deshalb zu schlagen, weil es eine Scheibe einschlug oder die erhabene Atmosphäre des Schulunterrichts unterbrach. Man hatte angenommen, daß wir mit hängenden Köpfen und gesenkten Augen an den Kindern vorbeigehen würden – wir – verantwortlich für den entfachten Wahnsinn, dessen Hauch mehr Schaden angerichtet hat als alle Bälle und Streiche der Kinder, dieser ersten zu würdigenden Opfer des letzten Krieges. – Schande über den Beschluß der Pädagogen, den preußischen Rohrstock noch weiter in der polnischen Schule zu verwenden; – dies ist vielleicht schon der letzte eiskalte Hauch der kalten, blutigen Sklavenjahre. Vielleicht kommt wirklich der Frühling? – Vielleicht sind es wirklich schon die letzten Tränen? – Vielleicht kann man wirklich schon damit beginnen, die Geschwüre und Wunden zu heilen?

Ich habe unlängst in Pommern einen achtjährigen Jungen gesehen, den man aus Deutschland ausgewiesen hatte, weil er Pole war, und die polnischen Kinder foppten ihn: Du Schwab! – Wir erwarten Kinder aus der Sowjetunion: Was haben die erlebt, mit welchem Ballast werden sie zurückkommen, wer wird ihnen als erster geringschätzig »Bolschewik« nachrufen! –

In den Vororten wirft der eine oder andere noch mit Steinen auf den Juden. – Es gibt noch Heime, wo sie nur zweimal pro Woche Brot zu essen bekommen.

Vielleicht ist es noch verfrüht zu glauben, daß wir das wohl schändlichste *Kapitel* der Geschichte zum Abschluß bringen können, wenn wir eine Vortragsreihe über das Kind veranstalten.

Ich wiederhole *Kapitel* der Geschichte. Denn wenn wir ungeduldig einem Anfang entgegensehen wollen, müssen – müssen wir uns darüber im klaren sein, daß der Frühling auch wirklich kommt. – Wir schmollen nur, sind trotzig wie ein Kind, daß es noch nicht soweit ist, und haben Angst, daß wir den Frühling verpassen könnten.

Es kann schon sein: Für unseren Magen kommen die besseren Zeiten nicht mehr wieder – der astrachanische Kaviar aus der Vorkriegszeit, die Apfelsinen aus Jaffa; aber unsere Gedanken sehen den Frühling bereits, sehen, wie er aufzieht und sich entfaltet.

Vielleicht hat auch das Kind eine Vorahnung, nur ist es nicht imstande zu verstehen; es ahnt ihn, wie es auch die von uns sorgfältig versteckte Wahrheit und Tragödie des Lebens spürt. Hat es vielleicht, vom reinen Instinkt geführt, in seinem Lachen recht, wenn auch unter Tränen?

Es ahnt den Frühling, ahnt den Augenblick voraus, wo der Mensch sich nicht nur mit dem Menschen verständigen wird, nicht nur der Weiße mit dem Schwarzen, der Reiche mit dem Armen, der Mann mit der Frau und der Erwachsene mit dem Kind – sondern auch mit der Sonne und den Sternen, dem Wasser und der Luft, mit der weißen Birke und dem Maiglöckchen, mit dem Hund und der Lerche. Es ahnt voraus, daß wir nicht nur in Schweiß und Kampf, sondern durch Spiel und freudiges Bemühen das erreichen werden, wonach die Menschheit sehnsüchtig über Kreuze und Scheiterhaufen hinweg, in Schweiß und Blut, tragisch, einsam und von Gott verlassen, strebt.

Frühling – das schönste aller Märchen …

Die schlechte Sonne, hochmütig, eigennützig, gefühllos, höhnisch, die kalte Wintersonne, gleichgültig und erbarmungslos, – diese Sonne erbebte plötzlich, erblickte, betrachtete – und verliebte sich in die schwarze Erde, das Aschenbrödel. Um das Wunder des Frühlings zu begreifen, muß man eine seltsame Stunde erleben.

Wir standen auf der Chaussee, verloren im Gewühl der

Schlacht, die rings um uns tobte. Wir haben die Verbindung verloren – wir stehen da ohne Befehl, also auch ohne die Hoffnung, für die Nacht ein Dach über dem Kopf zu haben. Und sie – diese eiskalte Wintersonne so schamlos hell und hochmütig – geht unter und verhöhnt gnadenlos die Ameisen der Erde.

Frühling, – die königliche Sonne, blickt voller Mitleid, verliebt, möchte beschenken, vergeben, küssen, Vergebung und Liebe herbeizaubern. – Ein Wunder!

Die Erde – das Waisenkind, ist erstaunt, glaubt nicht, unterdrückt ein- oder zweimal das Gefühl einer unbekannten Unruhe – und wenn sie endlich vertraut, – dann grünt sie plötzlich, – blüht, duftet, die schöne, singende Erde.

Du schaust auf die knorrigen, erstarrten, hoffnungslosen Baumkronen – und plötzlich sprießt etwas Komisches, Unerwartetes hervor: Knospen. Die dumme Weide bekam Lust, früher aufzublühen. So als wenn sie keine Zeit hätte, als wenn sie nicht mehr warten könnte. Der Frühling sollte sie dafür bestrafen, ein nicht zeitgemäßer Scherz, ihr drohen, verbieten, bestrafen. Nein, der Frühling hüllt geduldig jede dumme Knospe eines leichtsinnigen Strauches in Watte und näht einen Pelz um sie herum, damit ihr kein Leid angetan werde. Humor und Güte eines nachsichtigen Frühlings.

Eine Handvoll Inspiration mit Federn wirft die Lerche wie ein Ball gegen den Himmel. Es ist doch der größte Unsinn, in die Höhe zu fliegen und dabei zu singen. Das ist Phantasie des Frühlings.

Und auf den knorrigen, stachligen Zweigen der Akazie liegt noch der weiße, duftende Schnee. Blumen und Grün sind ihm zu wenig. Er hat sich noch eine Überraschung ausgedacht: Er hat zwei weiße Blätter zusammengeklebt – er hat Schmetterlinge gestreut. Der Frühling befahl der Nachtigall, in der Nacht zu singen – den guterzogenen Vögeln zum Trotz, die in der Nacht schlafen, um tagsüber ausgeschlafen zu sein und arbeiten zu können.

Um den klugen Menschen zu verspotten, hat er ihm den goldenen Regen der klugen Bienen entgegengeworfen. – Und er befahl, daß dieses kleine Geschöpf auf der Erde Honig suchen, daß der Wermut der Erde die Bitterkeit und die Brennessel – ihr das Gift nehmen soll. – Der einzelne möchte immer etwas anderes als alle zusammen. – Aber der Frühling hat Achtung vor jedem Sonderling und Rappelkopf, vor jedem Frechdachs und Clown – er kümmert sich um sie und achtet sie. – Kann man denn, ohne zu lächeln, auf die ernste Raupe, auf die dumme Mücke schauen; oder auf dieses ganz verrückte Etwas – die Schnecke …

Wir, die Erwachsenen, haben dies alles schon gesehen und kennen es. Aber das Kind?

Leider, wir sind Stadtbewohner, da kann der Frühling nur eins erwecken: Sehnsucht.

Der Ur-Mensch wohnte vor Jahrtausenden in den Bergen, wo er sich eine Lagerstätte zurechtgemacht hatte. Wir – bauen uns diese Berge aus Ziegeln, durchkreuzen sie mit Straßen in den Tälern, – verbessern und verschönen, aber was bedeutet letzten Endes die Stadt anderes als künstlich errichtete traurige Hügel, wo wir wie in steinernen Sarkophagen unser trübes Leben fristen? – Unser Urahn schützte den Eingang zu seiner Grotte vor wilden Tieren mit einem großen Felsblock, wir schließen die Tür vor einem herumstreichenden Dieb. Er ging auf Nahrungssuche und kletterte mit einem Knüppel in der zottigen Hand auf den Felsen, wir schleichen uns ins Tal mit unter den Arm geklemmten Papieren.

Den einfältigen Emporkömmlingen kommt eine Erinnerung an die rüpelhaften Urahnen ungelegen. Und doch sind wir ihre Nachkommen und Erben.

Es gab einmal einen ganz besonderen Augenblick in der Geschichte unseres Urahns. Als er sich bei einem Gewitter einen Weg durch das Dickicht bahnte, um Beute für sein Weibchen und seine Kinder zu machen, schlug plötzlich ein Blitz in einen Baum, der in Flammen aufging. Der Urahn lief jedoch nicht fort, sondern setzte sich nicht weit davon entfernt und schaute – schaute – schaute – und dachte mühsam – unter großen Anstrengungen dachte er nach – dachte – dachte – und mit linkischen Bewegungen voller Angst und Neugier – näherte er sich – spürte die angenehme Wärme des Feuers – und hielt die Hand hin – und verbrannte sich – ging zurück – und schrie auf vor Schmerz – aber lief nicht fort – gab nicht nach. – Er leckte die Brandwunde – im Schmerz dachte er wieder und wieder nach – und saß sehr lange so – und vergaß das Ziel seines Vorhabens, den Hunger seiner Familie, er dachte nach, ärgerlich vor sich hinmurmelnd, er verarbeitete sein Erstaunen; mehrere Male stand er auf und setzte sich wieder hin – und schaute. – Er guckte verärgert, dann mißtrauisch, dann voller Achtung, aber schon ohne sich zu ängstigen. Der Baum brennt, und er guckt zu, und, obwohl das Feuer ihn angenehm wärmt – leidet er, als wenn ihm jemand einen Stein gegen den Kopf geworfen hätte und dieser den Schädel langsam eindrücken würde. Und als das Feuer ausgehen wollte, warf er eine Handvoll Holz hinein, damit es weiterbrennen sollte.

Die Familie wartete lange auf ihn, er brachte ihr nichts zu essen mit, nur eine verbrannte Hand und eine freudige Unruhe mit der schmerzhaften Vorahnung, daß das, was sich verändern würde, noch weit entfernt sei.

Und er führte seinen Sohn zum Feuer; der hatte sich schon daran gewöhnt und keine Angst mehr und bemühte sich, das Element im Zaum zu halten.

Dieser zottige Urahn – ist die größte Freude und Hoffnung. – So viele Wege sind wir schon gegangen, so hoch sind wir bereits gestiegen – jetzt wird es schon leichter.

Wir haben den Blitz beherrscht und lassen ihn für uns arbeiten, wir haben die ganze Erde verdrahtet. – Es ist etwas Unwahrscheinliches geschehen, kaum zu glauben. – Ein zweijähriges Kind kann durch den Druck auf einen Knopf die ganze Stadt mit Licht überfluten; ein zweijähriges Kind kann durch den Druck auf einen Knopf einen Zug mit tausend Waggons voll Menschen in Betrieb setzen; ein zweijähriges Kind kann durch den Druck auf einen Knopf einen schweren Aufzug in eine beliebige Höhe heben. – Und diese Wunder leiten wir heute an unsere Kinder weiter, damit diese die gute Nachricht ihren Nachkommen vermitteln können, einem noch unbekannten Menschen, – dem morgigen Frühling weiter entgegen.

Die Muskeln wurden schwach; heute ist es unsere Aufgabe, einen Menschen zu schaffen mit stählernen Gedanken und kristallklaren Gefühlen.

Es kommt die Stunde, in der der Mensch sich erkennen, vor sich Achtung haben und sich lieben wird. Es wird die historische Stunde schlagen, in der der Mensch erkennen wird, was böse und was gut ist, was Lust und was Schmerz. Es wird die Stunde schlagen, in der die Energie ihr Geheimnis preisgibt, wo Bewegung, Wärme und Licht, lebendige Materie und der überirdische Geist – sie zu Harmonie, Ordnung und Glück verschmelzen – zum Frühling des Lebens.

Schon bald werden wir Wärme zu speichern lernen: Aus der ausgedorrten Sahara werden wir sie auf die Eismassen des Nord- und Südpols leiten. Die ganze Welt wird erblühen. Wie lange noch werden wir demütig ertragen müssen, daß uns im Winter die Kälte bedrängt und wir vor sommerlicher Hitze in Atemnot geraten?

Aber müssen wir nicht gleichzeitig die Frage stellen, ob solche Verhältnisse den Menschen nicht zur Faulheit verleiten, ihn nicht degenerieren? – Wenn wir die Städte aus Stein in Trümmer legen und sie neu aus Bäumen und Blumen, aus grüner Freude aufbauen, wenn wir uns nirgends zu schützen brauchen und nur die grünen Flächen, die Plätze unserer Spiele, Tänze und Lieder pflegen, dann muß man sich fragen, was aus der nicht ersten, sondern aus der zehnten Generation dieser überglücklichen Menschheit wird. Was wird geschehen, wenn das verhätschelnde Glück die Menschen schon in der fünften Generation zügellos und faul werden läßt? – Unsere Sorge gilt einer Zukunft nach einem noch größeren Zeitraum als es diese geringen zweitausend Jahre sind.

Im schlimmsten Fall können wir uns eine gewisse Anzahl geistesgeschädigter, blinder, taubstummer, gebrechlicher, lasterhafter Kinder erlauben – wir können sie sogar umsorgen. – Aber wir müssen sie zählen und aufpassen, daß derer nicht zu viel werden, daß keine blinde Menschheit geboren wird. Wir müssen fest davon überzeugt sein, daß uns wenigstens in den nächsten zehn

Jahrhunderten nichts passieren wird. Sonst wären unsere ganze Arbeit, alle Anstrengungen – umsonst gewesen – ziellos.

Für die nächste Zeit wird es sehr viel Arbeit geben. Die jetzige Menschheit – ist nicht nur Europa, sondern auch Asien und Australien – ist nicht nur das Zeitalter der Elektrizität, sondern auch des Kannibalismus. Wir müssen sie nicht nur waschen, anziehen, einen Herd zu gründen, schreiben und Zähne putzen lehren, sondern den Mechanismus und die Chemie ihres Gehirns verändern – und uns fragen – was sie in unsere gemeinsame Leistung einbringen können. Wir müssen die angefangene Arbeit der Befreiung des Bauern und Arbeiters, der Frau und des Kindes beenden. Wir müssen eine Ordnung schaffen, die die Suche nach Wahrheit durch Ausschlagen der Zähne mit der Faust oder Waffen verhütet; wir müssen die goldenen Amulette, Wappen, Fahnen, Flitterkram und Klimperzeug, das Folterwerkzeug – die Schulbank im Museum abstellen; wir müssen den Unsinn der Prostitution, des Diebstahls, der Schwindsucht, der Syphilis, des Alkohols abschaffen. Wir müssen über neue Religionen und Hoffnungen der Menschheit nachdenken.

Der Bau von Schulen, Krankenhäusern, Grünanlagen, öffentlichen Toiletten, Denkmälern, Straßen und so weiter – ist Sache des jeweiligen Staates, des Bezirkes, der Gemeinde; sie erledigen dies in ihrem Bereich selbst. Es ist sogar gut, daß sie andere Modelle nachahmen, jeder möchte etwas Klügeres, Moderneres verwenden; sollen sie sich bemühen, beratschlagen, sich auseinandersetzen und zanken; das Programm für eine oder zwei Generationen ist fertig – gesichert – erprobt. Dies sind die kleinen Sorgen der vorsorgenden Menschen.

Es gibt jedoch zentrale Probleme der Weltstädte, der Hüter der historischen Güter, dafür muß ein rücksichtsloser Befehl erteilt werden:

Man muß aufhören, Kinder links und rechts auszuspucken, sei es durch Zufall oder durch Laune; man muß aufhören, sie leichtsinnig zu zeugen, man sollte anfangen sie zu – gebären. Man soll über die Kinder nachdenken, noch bevor sie geboren werden. Man sollte anfangen, sie – zu erschaffen.

Wir wissen, wie ein Kind nicht geboren werden soll – das ist aber zu wenig. Ein Kind muß das Ergebnis einer Aufgabe von mathematischer Genauigkeit sein.

Man darf nichts ohne Vorbereitung, ohne Qualifikation, ohne Kontrolle, ohne Verantwortung tun – man kann ohne Qualifikation nicht einmal Schuhputzer sein – sogar ein Mittel zum Klinkenputzen muß analysiert werden, ob es keine Gifte enthält, keine ätzenden, schädlichen Eigenschaften hat. Aber Vater und Mutter kann jeder sein, wer immer nur möchte. Um einen Bude mit Sodawasser aufzumachen, muß man eine Genehmigung haben, eine Erlaubnis der Behörde und hier, wo ein Mensch geschaffen wird – nichts – außer: ich habe Lust gehabt.

Ich habe die Kriminalakten des verbrecherischen Ehepaars Zero nicht zur Hand, das die Schweiz und Italien für einige hundert Jahre mit ihrer Teufelsbrut geschändet hat.

So kann es nicht weitergehen, das muß zuerst von der Wissenschaft und dann – durch das Gesetz verboten werden.

Ein alter Oberst erzählte einmal, daß er, als er eine Stube mit einer Bauernfamilie bewohnte, Zeuge einer seltsamen Feierlichkeit wurde. Der Ehemann bekreuzigte sich vor dem ehelichen Verkehr. – Es war eine belustigende Erzählung. –

Dabei hat der Bauer, den Ertrag eines Jahres der Erde und der Zukunft anvertrauend, seine Arbeit mit dem heiligen Zeichen begonnen.

(Als ich als Chefarzt eines Militärkrankenhauses den Urlaub für die vom Typhus Genesenen erteilte, hatte ich Bedenken, daß schwacher Samen schwache Nachkommenschaft zeugen könnte. Vielleicht habe ich zu Unrecht davor gewarnt, vielleicht bringt physische Schwäche – einen gestärkten Geist, Gedanken und Gefühle hervor?)

Ein erstaunter Zuhörer könnte jetzt die Frage stellen: Wo ist hier die Rede – vom Frühling und dem Kind?

Ich antworte: Eben darüber spreche ich – vom Frühling und dem Kind.

Die Warschauer Gesellschaft spricht mit gleicher Ergriffenheit von einem modischen Blumengesteck für die gerade in Gunst stehende Sängerin wie über das Unglück der Kinder nach dem Krieg. Wenn sie jedoch in irgendeiner Sache das Wort ergreift, dann muß sie wie eine Hauptstadt sprechen – so wie das in den *Lebendigen Steinen* von Berent geschieht oder der *Legende vom jungen Polen* von Brzozowski und dem *Frühling* von Wierzyński*; es muß mit dem Neuen, was noch nicht enträtselt. was zukunftsbezogen ist, in Einklang gebracht werden.

Und dies ist einer der größten Frühlingsgedanken: – Warschau braucht nicht erst Berlin zu werden, um langsam die Höhe von Paris zu erlangen. – Berlin hat so sehr an die Ordnung und Disziplin geglaubt, daß es sich selbst das Denken verboten hat. Denn es dachte nur an das. was schon erforscht, bewiesen, behauptet ist, was gestern war. – Paris liebte immer den ungebärdigen Gedanken und das geheimnisvolle Morgen. – Ja: Der meist leichtsinnige, törichte, rappelige, schäumende, dreiste Gedanke ist gezügelt von einer meist nüchternen, berechnenden, vorsichtigen und ängstlichen Handlung, sie ist dem Vorhaben bereits angepaßt.

Als die bolschewistischen Barbaren schon die Vororte Warschaus überfluteten, als dieses noch tagsüber lachte und Rat hielt, – als wenn es mit dem schrecklichen Los kokettieren wollte – und abends ihre besten Söhne wie Schatten durch die stille und dunkle Stadt schlichen, um am nächsten Tag der Welt den Sieg zu verkünden – war dies ihr erster Frühlingstag, dieses starke Wort:»Achtung« – den kleinen Schmollenden hingefleddert. – Sie haben es nicht verstanden, denn sie konnten das schmutzige, aufgerissene, vernachlässigte und nachlässige Warschau nicht verstehen, mit seinem Herzen in der Altstadt und der Seele in jedem Stein, jedem Ziegel, in jedem kleinen Lausbuben, der auf der Straße Zeitungen verkauft.

Dies war meine etwas lange Einführung. – Und jetzt zum Thema: Ein Ereignis aus dem Heim, dem Waisenhaus.

Mein Zimmer liegt neben dem Schlafsaal der Jungen. Ich wurde sehr früh durch ein ungewöhnliches Rumoren im Schlafsaal geweckt. – Ach ja – der Ausflug. Unser »Sportclub« will einen Maiausflug machen.

Obwohl die Heimbedingungen Lärm vor dem Wecken nicht gestatten, beschloß ich, ihn großmütig zu überhören. Mein mir eine halbe Stunde vor dem Wecken geraubter Schlaf ist nicht so wichtig, nur sollten sie nicht alle Jungen aufwecken.

Ich auf: brrr, kalt. – Im Schlafsaal sind die Fenster geöffnet und die Ausflügler stehen mit ihren Rucksäcken zum Aufbruch bereit; und draußen gießt es; so ein Hundewetter – als wenn es sich dafür rächen wollte, daß im Mai kein Schnee sein darf. Ein kurzes Gespräch im Morgenrock:

»Wer hat die Fenster geöffnet?«

»Er … ich … sie haben sich von selbst geöffnet … Wir haben sie geöffnet.«

»Sofort zumachen.«

»Herr Doktor: Es ist warm.«

»Ihr seid dumm: Die Fenster schließen.«

Ich ziehe mich schnell an, und in meinem Innern geht der alltägliche schwere Kampf des Aufsehers mit dem Menschen vor sich, der sich noch daran erinnert, daß er selbst – es ist schon schrecklich lange her – auch einmal ein vierzehnjähriger Junge war.

Nach dem ersten leisen Gespräch im Schlafsaal – ein längeres, lauteres im Waschraum.

Ich:

»Was für ein Vergnügen? – Ihr werdet euch nur erkälten. – Verlegt den Ausflug. – Eine Verrücktheit.«

Sie:

»Es wird sich bald aufklären. – Außerhalb der Stadt ist es nicht windig. – Das Thermometer ist betrunken.« – Sie wollen es versuchen, nur zunächst bis zur Brücke, – wahrscheinlich werden sie dann kehrtmachen. – Es versteht sich, nur wenn es regnen sollte, – sie nehmen alle Bedingungen an.

Sie gingen. – Und kamen zurück. – Aber erst am späten Abend.

»Herr Doktor …«

Unwahrscheinlich wohltuend und liebevoll ist die Dankbarkeit der Kinder, wenn es ihnen gelingt, die Erlaubnis für irgendeine Dummheit zu erlangen.

Es war – wunderbar. – Einer ist bis zur Hüfte im Dreck versunken. Ein Soldat erlaubte ihnen, mit dem Gewehr zu schießen. – Der Reis ist angebrannt, aber desto besser schmeckte er. – Die Leute auf dem Lande hatten angenommen, daß sie nicht kommen würden, sie waren sehr erstaunt…

»Das glaube ich auch.«

Sie hatten ihnen Tee angeboten. – Dann spielten sie Schlagball. Auf dem Rückweg wurden sie von Betrunkenen gejagt. – Sie haben nicht gebadet – Sie haben Wort gehalten. – Es war sehr schön.

»Aber ihr seid naß geworden.«

»Überhaupt nicht.«

Wieviel Lust und Sonne muß in ihren Seelen leben, daß ihnen der eiskalte Regen nichts anhaben kann.

Ave, Caesar, … Ich seufzte auf.

Und was haben wir – was für ein Programm haben wir – für die Kinder und Jugendlichen – ganz zu schweigen von den Regentagen; aber was für eins für die sonnigen, lachenden, langen Frühlingstage?

Wir haben für sie – Schulprüfungen.

Aufpassen mit der Kritik. – Man sollte ihren Durst nach irgendwas irgendwie stillen. Es sollte etwas Mächtiges darstellen – Kraft erfordern, es sollte mit einem Risiko, mit Gefahr, mit einem Kampf gegen das Unfaßbare, mit einem waghalsigen Sprung in das Ungewisse verbunden sein. Die Sehnsucht wird vertrieben, die leisen Sehnsüchte werden still, verstummen, denn – die strenge Prüfung hat den Frühling für die Kinder auf Eis gelegt. – Wir haben das Fluidum des Frühlings vertrieben und damit auch sein gefährliches Gespenst verjagt.

Das ist noch nicht alles. Die Schule erteilt Privilegien. Ein Diplom – ist eine Genehmigung für eine Fünfzimmerwohnung im Stadtzentrum, für Polstermöbel, ein Dienstmädchen und Sommerurlaub. Wer kein Diplom hat, muß mehr arbeiten, darf nicht so gut essen, muß ärmlicher wohnen, und im Falle einer Erkrankung findet er keinen Arzt. – Also muß die Schule den Appetit der Nichterkorenen bekämpfen, derer, die nach vorne heraus wohnen möchten und eine Wanne mit einem Gasofen haben wollen. –

Versteht man, daß der Arbeiter viel verdienen muß, wenn er den Schulkindern nicht den Frühling rauben will? –

Versteht man, daß die Preiserhöhung für die Produkte des aufgeklärten Bauern dazu führen kann, daß schon in zwanzig Jahren auf dem Land eine Schule aus Ziegelsteinen mit einem Spielplatz, einem Physiklabor und einem Zeichensaal stehen wird, daß er ein Kulturhaus mit einer Bücherei, einem Konzert- und Vorlesungssaal und ein Badehaus mit Schwimmbecken bauen wird?

Es kann doch nicht so weitergehen, daß, außer in einigen Städten, in ganz Polen nur die Kirchen und Gefängnisse aus Ziegelsteinen gebaut sind.

Ich entschuldige mich wegen meiner kleinen Einwände. Der Titel: Frühling – erlaubt jede kapriziöse Überraschung. – Und wie nötig brauchen wir heute freudige Überraschungen, denn das Leben ist zu mühsam; wie nötig haben wir einen Frühlingsgedanken – der schon vorhanden ist. Nun also. –

Wenn die Schule Wissen vermittelt und keine Privilegien, können wir den Kindern statt Prüfungen den Frühling geben.

Solange wir die toten Städte nicht verlassen können – die künftigen Besichtigungsziele von Touristen, die staunen werden, wie es nur möglich war, daß Menschen dort einst wohnen konnten, ohne sich in diesen Löchern aufzufressen – solange werden wir hier wohnen müssen und die Kinder im Frühjahr aufs Land schicken.

Touristik, Ausflüge.

Ich sehe einen grundlegenden Fehler in der Touristik; die Ausflüge werden schablonenhaft organisiert: Besichtigen, anschauen und dann sich loben, daß man dort war und dies und das gesehen hat. Man unterscheidet weite und nahe Ausflüge, kurze und lange. Die für die Muskeln nützlichen, haben einen ungewissen Wert für den Intellekt; sie formen nicht den Charakter, sie sättigen den Geltungstrieb, aber nicht den Geist.

Der Taufpate solcher Gedanken ist – der Baedeker – bringt alles, aber schlecht und oberflächlich.

Fragen wir die Geschichte, was, abgesehen vom Hunger, die Menschen umtrieb und auch noch heute Tausende nach Mekka und Tschenstochau treibt.

Das Thema eines Ausflugs könnte die Suche nach sich selbst und Gott sein. Aber dann nicht in einer großen Gruppe, sondern nur mit wenigen. Zu Beginn – eine Andacht, die eigentliche Marschroute – im langsamen Tempo, zehn Meilen täglich, ein Lager am Weichselufer und eine Diskussion in der Nacht im Licht der Sterne und in der nächtlichen Stille. – Auf den Weg ein paar Bücher. Am Ende – die Besichtigung einer alten Kirche, ein Besuch beim alten Pfarrer.

Das Vaterland! – Sammelplatz beim Denkmal von Sobieski* im Łazienki Park, – weiter zur Kathedrale – oder in die Altstadt? – Marsch in Reih und Glied. Militärische Disziplin. Ziel: der Ort einer alten Schlacht oder eine Schloßruine. – Die Übernachtung bei einem Veteran des Aufstandes. – Ein Marschlied, die Trommel – ein kleines Manöver, Schanzen – ein Lichterspiel in den alten Mauern des Schlosses.

Die Schönheit! – Eine Staffelei, eine Geige, ein Buch mit Gedichten. – Nicht mehr die Kirche, sondern eine Bildergalerie ist der Sammelpunkt. – Ein Sonnenuntergang. Jemand hat ein eigenes Gedicht, aber er wird es erst am Zielort vorlesen. – Richtung: das Grab eines Dichters, eine Linde – etwas, was schon war und noch kommt. – Ein kapriziöses Tempo: Passamezzo abwechselnd mit Saltarello – eine Polonaise und eine Mazurka.

Ein Ausflug aufs Geratewohl. Sammelpunkt in der Schenke am Stadtrand. Ohne Ziel. Zwanzig – dreißig Meilen pro Tag. Das Thema: in einem kleinen Dorf mit schönen Mädchen, ein fröhlicher Tanz und ein Faß Bier. Zurück ohne einen Pfennig – mit knurrendem Magen. Ein Ausflug zu einem vergessenem Grab. Dort ein Akkordeon und eine Geige, hier auf dem Weg der Bericht über ein Leben und ein Kranz aus Immortellen. Die Zeitungen haben über einen Arzt berichtet, über einen Lehrer, einen ehrwürdigen Greis – ein Kind – einen Helden. – Wir suchen sie auf. Immer – nur ein Ziel, – ein Grab, ein Tanzabend, ein Mensch, nicht alles, nicht – zuviel auf einmal. Entweder Pilger oder Spaßvögel. Und den ganzen Winter hindurch Diskussionen und Debatten über neue Pläne.

Ich weiß, daß all dies schwierig zu verwirklichen ist, aber dafür ist es auch interessanter und schöner. Und wir wollen erst einmal ein Lied in das Leben einflechten und dann das ganze Leben zu einem fröhlichen Lied ausgestalten.

Nicht für alle und nicht immer nur zum – Morskie Oko.

Ein Ausflug ist wie ein Oratorium, ein Ausflug ist wie eine Sonate, wie ein Madrigal.

Sonne, Wasser, Luft.

Die Jungen haben mich gebeten, mitzukommen, damit ich sehen kann, wie sie schwimmen. Gut. Wir gehen.

So ein Gott-erbarm-Dich kleines-Flüßchen, wo man nur an einer Stelle höchstens ein paar Dutzend Meter schwimmen kann. – Es sind ungefähr zwanzig Jungen. Einer hat es so eilig, daß er sich bereits unterwegs auszieht. Hier und da setzt sich einer ans Ufer, um sich abzukühlen, bevor er ins Wasser geht. – Ich schaue sie mir an. – Ich kenne sie gut aus der Schulklasse und Turnhalle. Sie sind ruhig und diszipliniert, hitzig und ungeduldig, böse und gehässig, streitsüchtig und kühn.

Das Bad dauert nicht lange. Einige steigen ins Wasser, andere sonnen sich im Sand. Einer geht raus – zieht das Hemd über – überlegt es sich anders – und geht wieder hinein. – An der schmalen Stelle, wo das Wasser tief ist, sind sie sich gegenseitig im Weg; – immer wieder bilden sich Gruppen Wartender. Sie sind böse, daß der Fluß so klein und ungastlich ist.

Aber sie?

Keine Zwistigkeit, nicht der geringste Streit, weder ein böser Zuruf, noch die leiseste, ungeduldige Bemerkung. Kein: »Geh weg, schneller, ich bin dran.«

Ich passe auf und schaue mit steigender Aufmerksamkeit und Bewunderung zu. – Nein, – sie lassen sich sogar gegenseitig den Vortritt, gehen sich geschickt aus dem Weg. Auf einmal – ge-

schieht etwas Unglaubliches: Es ist etwas im Wasser passiert –
einer von ihnen steigt hinkend aus dem Wasser und betrachtet
seinen Fuß:

»Was ist passiert?«

»Er kam auf mich zugeschwommen, da wollte ich hochkom-
men, und dabei habe ich mich an einem Stein gestoßen.«

»Das sehe ich – aber wie kam's denn: Du hast ihm keine
runtergehauen, nicht ausgeschimpft – nichts?«

Er lächelte und winkte ab.

Ich habe verstanden. Es war nur eine kleine Episode, aber sie
reicht fürs ganze Leben. Ich habe begriffen, daß der Mensch gut
ist.

Der Mensch ist gut, aber oft versteht er nichts, oder es geht ihm
schlecht, oder – er muß so handeln, weil er nicht anders kann.

Wenn wir die kleinen Schwierigkeiten bewältigen und ernstlich bemüht sind, Gutes und Schönes ins Leben hineinzutragen
– müssen wir bei den Kindern anfangen, denn das ist das Ein-
fachste und auch das Wichtigste. Man muß vor allem das erste
Drittel des Lebens ordnen.

Ich besitze ein wichtiges Dokument – für den Nichtkenner
und Nichtliebhaber – eine unverständliche Kleinigkeit.

Es ist die Erzählung des fünfjährigen Wiktor, wie ein Soldat
einen Hund tötete, vor dem sich Wiktor wahrscheinlich gefürch-
tet hat, um den er aber trotzdem sehr trauerte.

Wir haben über Äpfel gesprochen. – Ich habe Wiktor gefragt,
ob er schon einmal Äpfel auf einem Baum gesehen hat. – Er hat
welche gesehen. – »Wo hast du die Äpfel gesehen?«

»Äpfel – ich habe Äpfel gesehen – solche kleinen – die Bäu-
me so groß – man kann dort liegen und schaukeln – da war so
ein Hund – und wenn ein Apfel herunterfällt – er liegt da und
schläft – die Mama kommt – ich will allein gehen – und da ist
ein Stuhl – dort der Hund – irgendein Hund – er hat so gebissen
– er hatte scharrrfe Zähne – also, als er schlief, da hat er ihn
gebissen – man muß den Hund schlagen, weil er gebissen hat –
dort ist eine Frau – solche Zähne hat er – ich habe vergessen, wie
er heißt – Fox heißt er – er hat gebissen, und Bluuut – er hat an

einem Knochen gekaut – Fox, geh weg, hau ab – aber er reißt die Augen auf und beißt zu – er hat den Knochen fallengelassen und zugebissen – ich habe diesem Hund einen Apfel hingeworfen – vom Baum abgerissen und weit im Bogen hingeworfen – so einen harten Apfel – süß, wie noch nie – er hat daran nur geschnuppert – und dann kam ein Soldat – peng, auf den kleinen Hund – peng – so ein schöner – schöner – schöner – …«

Wenn ich traurig bin, lege ich mir die Erzählung von Wiktor wie einen noch nicht erblühten Jasminstrauß auf die Hand. – Ein Ansatz von Gedanken und darunter ein Ansturm von Gefühlen. – Der kleine Mensch Wiktor – ist dem Tier, dem Hund begegnet. – Lest die wunderbaren Erzählungen des heiligen Franziskus, seine Predigt an die Vögel und über den schrecklichen, wilden Wolf von Gubbio. – Der Hund schläft. – Wiktor wirft dem Hund einen Apfel zu, – so süß wie noch nie. – Der Hund hat ihn beschnuppert aber nicht gefressen. – Komisch. – Knabbert am Knochen – er hat scharrrfe Zähne.

Man sagt ihm: »Der Hund beißt – wird dich beißen.« Er bekam Angst – von Tag zu Tag verschob er den Moment einer Verständigung mit Fox. – Er beobachtet ihn von weitem. Nein, Fox wird ihm nichts tun. Und doch. – Vielleicht hat er schon einmal versucht, behutsam dieses andere, anziehende – zottige Wesen auf vier Beinen zu streicheln.

»Man muß den Hund schlagen.«

Wer hat ihm das gesagt?

Und dann passierte das Schlimme – das Schlimmste. »Peng, auf den Hund – peng. Bluuut!«

Schüsse und Blut.

»So ein schöner – schöner – schöner.«

Man kann mit Worten kein schöneres Denkmal setzen. Wenn der Wolf erschlagen worden wäre, dann würde der heilige Franziskus sagen: armer, armer, armer Wolf.

Als Wiktor erzählte, flackerten seine Augen, er trat von einem Fuß auf den anderen, Hände und Lippen zitterten. –

Dazu noch eine Episode aus den letzten Tagen:

In Utrat hält der Zug nur für eine Minute. Eine kleine Gesellschaft steigt ein: drei Frauen und ein fünfjähriges Kind. – Gedränge – Hast. »Steig ein – hier ist kein Platz – schneller – danke.« Sie haben Plätze ergattert, jetzt lachen sie.

»Bleib bei mir stehen – hörst du?«

»Warum heult sie?«

»Als der Zug einlief, ist sie auf einmal weggelaufen.«

»Ich wollte zu der Tante.«

»Nein, du hast nichts zu wollen!«

An mehr kann ich mich nicht erinnern. – Das Kind wischt mit dem Taschentuch die blutende Lippe: Die Mama hat ihr eine Ohrfeige gegeben. Und sie führen das lustige Gespräch fort.

Ich frage nun, was würde geschehen, wenn kein Kind, sondern ein Erwachsener, ein weniger Empfindlicher, der das Leben kennt, weil er sich tausendmal mit ihm herumschlagen mußte und schon abgehärtet ist – ungerechtfertigt im Gedränge eins in die Fresse bekommen hätte? Was würde der für einen Krach schlagen?

Das Geheimnis liegt darin, daß man sich erst durch einen ganzen Müllhaufen von Unrecht und Ohrfeigen hindurchwühlen muß, um die menschlichen Gefühle eines erst zehnjährigen Menschen zu ertasten.

Darum fordere ich, endlich aufzuhören mit dem falschen Schein unseres zärtlichen und duseligen. geradezu gnädigen Verhältnisses zum Kind, statt dessen sollte man fragen, welche Rechte es hat.

Die Wärme des mütterlichen Herzens – ist heute nur noch eine Phrase. Ich fordere eine durchdachte, konkrete, wissenschaftliche Definition.

Eine Übernachtung in einem Bauernhaus – ich in der Stube und die Bäuerin (der Bauer war eingezogen worden) mit acht Kindern in der Küche. – Sie wollte es so. – Einmal, als sie in der Küche Brot gebacken hatte, war die Hitze unerträglich. Sie machte sich ein Lager aus Stroh im Gang zwischen Küche und Stube auf dem Fußboden. – Ich bin in der Nacht aufgewacht. Der Mond beleuchtete die Gruppe – die Mutterbrust und den an der Brust schlafenden Säugling; und daneben – helle Köpfe,

Hände, Füße der Kinderschar. Ich hatte mich auf mein Kissen gestützt und schaute. Der Mond auf seiner nächtlichen Runde beleuchtete grell Ausschnitte dieses Gruppenbildes. Ein einmaliges Bild, phantastisch. Ich verstehe wieder etwas mehr. Der Bauer und die Bäuerin gebären zusammen ihr Haus, die Kälber, Fohlen, Ferkel – Küken, Kinder. Der Bauer und die Bäuerin sind eins.

Die Stadt hat die Familie zerrissen. Es war – vielleicht schön – aber es kommt nicht wieder. Wir sollten die wertvollen Erinnerungen lieben, aber wir dürfen uns nicht vortäuschen, daß etwas besteht, was nicht mehr da ist.

Erinnerungen – sind Ausdruck unserer Niederlagen und zugleich unser wertvollster Schatz. Das Leben rast mit großer Geschwindigkeit dahin, und wir wackligen Greise versuchen, es mit letzter Kraft zu bremsen, denn es tut uns leid und wir finden es schade. So gehen wir langsam und bedächtig unter Schmerzen vorwärts.

Es gab einen Augenblick in der Geschichte, wo die Reformatoren verkündeten, daß das Kind nicht das ausschließliche Eigentum des Vaters sei, daß er nicht das Recht habe, es zu verkaufen, zu töten oder aufzuessen.

Und man war empört:

»Wie denn? Ich habe es ins Leben gerufen und habe kein Recht auf das Kind? –Wahnsinn!«

Ja:

»Wie denn? Eine selbständige Frau? – Unsinn.«

»Ein Jude – ein Bürger? – Blödsinn.«

»Diskussionen und Verträge mit einem Lohnarbeiter? – Mätzchen.«

Das Kind ruft nach Befreiung, das Kind ruft um Hilfe. Das Kind haßt seine Kindheit, – es erstickt. ›Kind‹ ist ein Schimpfwort. Ein Junge protestiert gegen die Sklaverei der Kindheit und manifestiert seine Unabhängigkeit mit einer bitteren, gestohlenen Zigarette zwischen den Zähnen. Diese idyllische Kindheit wurde den Kindern so vergällt, daß die Jugendlichen ohne Bedenken in den

Abgrund springen, nur um vor dem verhaßten Morgen – dem Frühling des Lebens – davonzulaufen und als Ruine ins Erwachsenenalter einzusteigen.

Ein Drittel der Menschheit sind Kinder und Jugendliche, ein Drittel des Lebens ist die Kindheit. Kinder werden nicht erst zu Menschen – sie sind bereits welche.

Von den Erträgen und Reichtümern der Welt gehört ihnen ein Drittel – und dies zu Recht und nicht aus Gnade. Die Früchte eines Drittels der siegreichen Gedanken der Menschheit gehören ihnen.

Ich sagte einmal im Gespräch mit einem Richter:

»Wenn ein Drittel der Warschauer Bevölkerung Kinder und Jugendliche sind, dann sollte jedes dritte Haus, jedes dritte Geschäft, jede dritte Straßenbahn zu ihrem Nutzen sein. Daß heute nicht der Mensch, sondern die Maschine produziert, ist das Erbe der Anstrengungen früherer Generationen. Wir, die Erwachsenen, haben die Kinder um ihr Erbe gebracht.«

Der Hüter des Rechts hörte aufmerksam zu und antwortete nach kurzer Überlegung:

»Wissen Sie: Das ist für mich neu. Ich habe noch nie daran gedacht, daß Kinder – auch Bevölkerung sind.

Jedesmal, wenn ich die Sache der Selbstverwaltung in der Schule oder im Heim angehe, – bekomme ich zu hören: Bolschewismus.

Recht so. – Sagt einmal einer völlig demoralisierten, durch die Erwachsenen moralisch zerstörten Kindergemeinschaft:

»Macht, was ihr wollt; ihr braucht nicht zu gehorchen«; diktiert uns die Rechte und Pflichten.

Das ist nicht nur Bolschewismus – sondern Wahnsinn.

Aber ein Kind zu bestrafen, weil es verspätet zum Unterricht kam, wenngleich sich der Lehrer ungestraft verspäten kann – das ist eine Gemeinheit. Und solche Gemeinheiten werden zu Tausenden von uns begangen.

»Man muß den Hund schlagen« – sagt Wiktor.

»Man muß das Kind schlagen« – sagt wer? – kein einzelner, sondern ein Pädagogenkongreß.

Die Faust, Drohung, Spott, Belästigung, Falschheit, nichteingelöstes Versprechen, Geringschätzung, Kriecherei, lügnerische Phrasen – was gibt es noch Abscheulicheres im Leben, womit wir die kindliche Seele zerstören?

An welches Beispiel sollen sie sich halten, wenn nicht an das von uns; sie verstehen noch nicht die Absichten, wem sollen sie dann nacheifern? – Wir haben unseren Kindern unsere Gebote und den Weltkodex übermittelt, unsere Neigungen und Ambitionen, unser nichtprogrammiertes und nichtgeplantes Leben. Wir vereinfachen nicht, sondern erschweren ihnen die Arbeit des Erkennens.

Ich weiß, daß mein Vortrag nicht schön und geordnet ist – ich will es aber so. Wenn ich alle Knospen und Keime wüßte und dazu fähig wäre, würde ich sie aus allen Sträuchern und Gebieten der menschlichen Gedanken herauslesen. Spiritismus und Flugzeug, Radium und Esperanto, Serum und Vitamine, Mendelismus – und Futurismus in der Kunst, die ganze Unruhe und der Krach auf dem sozialen Sektor – alles, was angefangen und erst vorgeahnt wurde – dies würde ich zu einem wunderschönen Frühlingsstrauß binden und dem Kind zu Füßen legen.

Du kleiner Mensch, du sollst ihn aufheben, ihn an dich drükken und weitertragen. Auf dein mächtiges Wort wartet alles. Du sollst verstehen, daß nicht nur der Mensch das Wichtigste auf Erden ist; es ist nicht klug, alles für sich zu rauben, alles ist zu gleichen Teilen zwischen Menschen – Greisen und Kindern, Tieren, Pflanzen und Mineralien aufzuteilen. – Lies einmal die *Ethik der Staubkörner* von Ruskin und *Das Leben der Insekten* von Fabre und *Bienenstock* von Maeterlinck. Ja, auch Mineralien leben und rufen nach Gerechtigkeit.

Was bedeuten gegenüber solchen Aufgaben kleinliche Mißgunst und Streit um dumme goldene Plättchen? –

Hier wird sogar ein reicher Mann nützlich, um an ihm, wie an einem Meerschweinchen, das Verhalten eines Menschen, der ohne Beschäftigung im Reichtum lebt, zu untersuchen.

Ich habe jede Woche hundert Kinder gewogen und gemessen und immer mit der gleichen Begeisterung. Diese Zunahme um zweihundert Gramm und ein Viertel Zentimeter wöchentlich – ist das Wachstum des Frühlings und die Zukunft des wiedergeborenen Lebens.

Borgt euch die Tänze der Südländer und die Skier der Völker des Nordens – veranstaltet eine Olympiade im Laufen, Springen und Werfen, im Singen und Musizieren – einen Weltwettbewerb für die schönsten Sonaten und Gebete, macht das Leben zu einem Gesang der Herzen und Muskeln.

Und was passiert, wenn die Sonne untergeht?

Auch darauf haben wir eine Antwort. Hier in Warschau lebte und dachte der Geograph Wacław Nałkowski. Und hier ist er im Krankenhaus gestorben. Hier wurde der schönste Gedanke geboren, den das menschliche Gehirn anderen schenken kann.

So unterliegt der Mensch einer ständigen Evolution, er wird sich anpassen und ändern unter den sich ständig wandelnden Lebensbedingungen. Welchen Veränderungen er ausgesetzt sein wird und wie weittragend sie sein werden, wissen wir heute noch nicht. »Aber wir haben das Recht zu glauben, daß, wenn die Sonne erkaltet und erlischt, der Mensch sich selbst Licht und Wärme, sich selbst die Sonne geben wird«, sagt der nicht mehr junge, aber erfahrene Geograph und Wissenschaftler Nałkowski.

Dies ist der letzte Frühlingsgedanke – dem Kind in die Augen schauend, soll man ihm das sagen. Und wenn es euch nicht versteht, zeigt dies nur, daß ihr das Kind nicht verstanden habt. – Und wenn ihr das Kind nicht versteht, dann habt ihr unaufmerksam gelesen, was in der *Ungöttlichen Komödie** über Orcio geschrieben steht, und euch ist unbekannt, daß Mickiewicz* die *Rückkehr des Vaters* geschrieben hat. Das Kind versteht Wunder und tut Wunder wie der Frühling.

Die Stunde des Glaubens

Du weiße Stunde des Glaubens, sei gesegnet! … Heute läutet unsere Schulglocke bei Sonnenaufgang. Heute läutet sie noch triumphierender. Von Zeit zu Zeit hat das frühe Glockenspiel »An die Arbeit!« einen anderen Klang. Dann antworten die Kinder:

– Oh, wie schön sind wir heute geweckt worden … Unsere Glocke wurde von Hunderten ausgesucht. Sie hat einen hellen, frohen Klang.

Sonnenaufgang.

Die leisen Töne des Frühaufweckens schweben auf stählernen Flügeln. Die Glockentöne ziehen kleine Kreise – dann größere – aber leiser, zitternder, wie die Wasseroberfläche, wenn ein kleiner Stein hineinplumpst.

Die Glockentöne klingen auf einmal ungeduldig, als wenn sie an einer Kette ziehen würden. Sie haben das sie hindernde Eisen zerrissen und schauen erstaunt der eigenen Freiheit entgegen. Und sie bücken sich, hüpfen zur Seite, kauern sich auf den Boden und atmen die Luft ein – dann fliegen sie gen Himmel – zerreißen die Luft in hundert Stücke, gestalten sie zu felsenartigen Gebilden, die den Blitz entzünden.

Und aus den offenen Fenstern der Schlafsäle dringen Laute des Frühaufstehens. Da antworten fröhliche Trompeten auf die gewaltigen Kommandos der Natur: »Aufstehen« – mit »wir sind schon da«. Und die Kinder, noch vom Schlaf gerötet, laufen dem hellen Tag entgegen.

In der scheinbaren Unordnung unserer Schule herrscht eine wunderbare Ordnung. Ein zwölfjähriger Junge läuft in die Schusterwerkstatt und ein Gleichaltriger zum Geometrieunterricht, ein Mädchen von gleichem Alter geht in die Küche helfen, und ein anderes in den Krankensaal, um den Patienten Fieber zu messen …

Die Krähen können meinetwegen Unheil verkünden; ich aber glaube – und ihr, meine Kinder, mit mir.

Ich lausche den Atemzügen ihrer Träume, schaue den standhaften und gemeinsamen Schritten ihrer flackernden Bemühungen entgegen: Sie sind sich der Rolle bewußt, die sie auf dem Schauplatz des Lebens spielen sollen.

Das Leben schlägt in trüben Wellen gegen unser Schulgebäude – doch es kann die Flamme des Glaubens nicht ersticken.

Das große Werk meiner Hände! Eingemauert in die Freiheitshymne über den Schmerz meines Lebens. Manchmal glaube ich, daß ich zu wenig gelitten habe und unser Kampf deshalb so schwierig ist …

In der Mitte des Flusses steuert ein Junge ein Boot; er schiebt den Bug in das Wasser und ist in seinem Innern dem Strom dankbar, daß er ihn trägt – er strengt sich noch mehr an. Er ist sechzehn Jahre alt, kam von der Straße zu uns. Vor einem Monat schrieb er ins Tagebuch: »Ich werde Präsident der USA.«

Er lernt drei Sprachen auf einmal. –

– Wieso willst du nicht in unserem Land bleiben? – habe ich ihn gefragt.

– Weil dort die Arbeit schwieriger ist, aber der Sieg sicher. Dort stehen sich zwei große Armeen gegenüber; dort ist keine List erforderlich, dort wird Kraft gebraucht. Dort wird ein Führer gebraucht, hier noch Opfer.

Dieser Junge hat in drei Jahren alle Abteilungen unserer Schule durchlaufen, und in jeder hat er eine feste und dauerhafte Spur hinterlassen. Da, wo er nichts mehr zu verbessern fand, verließ er die Abteilung schon am ersten Probetag. Es kam vor, daß er drei Tätigkeiten auf einmal in Angriff nahm und dabei lernte, um weiterzukommen. Er ist sagenhaft stolz und hartnäckig. Zweimal wurde er vom Kameradschaftsgericht wegen Nichteinhaltens der Schulregeln bestraft, das dritte Mal saß er wieder achtzehn Stunden in der Bibliothek über den Büchern, bis er vor Erschöpfung ohnmächtig wurde. Wieder vor Gericht zitiert, reichte er seine Verteidigung ein – und damit erreichte er, daß er ein für alle Mal das Recht zugestanden bekam, das zu tun, was ihm beliebte. »Wenn es nicht die Schule für das Leben gäbe, würde ich im Gefängnis enden.« – sagte er. Der Arzt verordnete ihm eine Ruhepause von mindestens einer Stunde pro Tag, und also treibt er jetzt das Boot gegen den Strom.

Hindernisse werden seine Hartnäckigkeit nicht brechen, eine Frau wird ihn nicht von dem einmal eingeschlagenen Weg abbringen, mit Geld wird man ihn nicht kaufen können.

– Ihr zeigt mir tausende von Opfern, zeigt mir die Übeltäter.

Jede seiner Ansprachen wirkt durch seine schwachen Kräfte wie ein gedämpfter Sturm – ein zorniger Sturm, der sagt, die Zeit sei noch nicht gekommen.

Helle Stunde des Glaubens: Unser Amerika! …

Das einmal entflammte Feuer der Ideale wird nicht erlöschen.

Wenn er auch vorzeitig abgeht, wird der, der zu uns kam, ein anderer sein als der, der ankam: Sein Geist bleibt mit uns verbunden.

Eine Mutter brachte ihren Sohn zu uns, er soll Tischler werden – nur für eine Tischlerlehre – und nur für ein halbes Jahr. Die Witwe hatte nur einen Sohn und wollte ihn nicht verlieren.

Er war ein Schwächling, still und gedrückt, als er in die Sommerkolonie aufs Land fuhr.

Nach noch nicht ganzen drei Monaten kam er zurück – und fing an zu arbeiten, und die Mutter schaute ihm ängstlich zu: hatten sie ihn nicht verzaubert? Als er nach Hause zurückkehrte, hatte er das ängstliche Mutterherz für uns gewonnen. Sie klopften noch einmal an die Tür der Schule für das Leben, diesmal ohne Einwände. Und nach drei Jahren ließen sich – Mutter und Sohn – Absolventen unserer Schule – in der Kleinstadt nieder, um das Licht des Wissens zu bringen und frohe Lieder über das Glück der Menschen zu singen.

Dies sind die grauen Vögel – mit kleinen aber dankbaren Flügeln, sie erwecken in uns weder Erstaunen noch Freude; wir haben uns daran gewöhnt; Hunderte von ihnen fliegen durch die Schule und verteilen sich über die ganze Welt. Wie wenig braucht der Geist des Menschen, der faltig, gelb, von der Hitze zu gequält, um wieder zu ergrünen, Lebensmut und Freude zurückzugewinnen, hoffnungsvoll zu lächeln. Nur ein nahrhafter Regen, und alles führt zum wunderbaren Auferstehen …

Millionen hungernder, frierender Menschen, von der stinkigen Luft gewürgt, zu gedankenloser Arbeit gezwungen, von Tag zu Tag, von Stunde zu Stunde immer mehr vergiftet – sie wurden geärgert, benachteiligt und erniedrigt, und doch gibt es so etwas wie ein Volk, einen Staat, es besteht auch so etwas wie eine gewisse Ordnung und sogar Komfort, der dem sumpfigen Leben den Anschein einer Kultur verleiht.

Jahrhunderte hindurch war der Geist auf das Schlimmste versklavt und doch überlebte der Gedanke, über Scheiterhaufen und Galgen hinweg, in Blut gebadet, verfolgt und vernichtet und doch entflammte er mit jedem leisesten Windhauch zu einem großen Feuer gemeinsamer Anstrengungen. Und ehe man es sich versieht, ist die Wissenschaft da, das Wissen; wenn wir die Ergebnisse heldenhaften Ringens addieren, erkennen wir, daß man nicht alles in Trümmer legen kann. Wenn wir den Tempel des Wissens bauen wollen – haben wir bereits schon hier ein Gerüstteil, dort einen Graben für die Fundamente, woanders bereits ein Stück Mauer. So kommen wir schneller vorwärts.

Die Schule des Todes hat viele Jahre hindurch die Gedanken der Kinder unfruchtbar gemacht, ihren Geist fürchterlich zugerichtet, bewußt und systematisch jedes selbständige Streben und jede kindliche Anregung getötet, bereits im Embryo hat sie jedes Korn der natürlichen und freien Saat ausgebrannt; und doch sind aus dieser Schule Leute hervorgegangen, wenige zwar, die aber immerhin den schmutzigen Staub des toten Wissens abschüttelten und dem Leben entgegengingen.

Trotz des starken Geistes sind sie doch demütig, diese alten, naiven Kinder – die Menschen. Nachgiebig sind sie und vertrauensselig. Man hat ihnen alles, was Leben bedeutet, genommen, bei lebendigem Leibe hat man ihren Geist und Körper in dunklen Gräbern gefangengehalten – und sie glaubten dennoch zu leben

Sie wurden mit sinnloser Arbeit von der Wiege bis zum Grabe gefesselt, es wurde ihnen alles, was ein helles Lachen des Lebens bedeutete, genommen, die Kinder wurden weggerissen, die Frauen und Töchter vergewaltigt die Familien zerrissen, man hat sie mißhandelt, wie nur eine sture Gedankenlosigkeit mißhandeln kann – man befahl ihnen zu glauben, daß Gott es so wolle. Und sie glaubten daß der gute und gerechte Gott es wirklich wolle.

Man befahl ihnen, genau solche Unglücklichen, wie sie es waren, zu hassen, nur weil sie einen anderen Namen trugen und in einer anderen Sprache ihr schwarzes Brot und ihr schwarzes Schicksal anreden – und sie haßten.

Endlich befahl man ihnen daran zu glauben, daß sie ohne jeden Grund haßten, daß sie selbst daran schuld seien, wenn es ihnen schlecht gehe, daß niemand sie zwang, ihre Töchter den Freudenhäusern auszuliefern – und sie glauben. Und sie glaubten so fest daran daß es sehr schwer ist, sie von ihrem Irrtum abzubringen.

Alte, gutgläubige, sanftmütige Kinderchen, wir haben mit euch, mehr Arbeit als mit den Kindern: Eure Augen sind müde, eure Ohren hören nicht mehr so gut, eure Gedanken gehen nur in zwei Richtungen, hin und zurück – und sie haben den Willen und Glauben verloren, daß es der Mühe wert sei, von dem engen Pfad abzubiegen und sich umzuschauen

Wie seid ihr doch unbeholfen, wie lächerlich, wie arm …

Du helle und reine Stunde des Glaubens, diese paar tausend wirklicher Menschen wären genug, wenn man sie mit dem Dikkicht der toten, blassen und unbeweglichen Menschenmenge verschmelzen würde; es gäbe genügend von denjenigen, die die Schule für das Leben erzogen hat und noch erzieht, um die Welt auf ein neues Gleis zu lenken – und ich glaube dir. Sei gesegnet …

Das Schlimmste

– Ist es gut, ein Kind zu sein?
– Vielleicht, aber nicht unbedingt. Ich weiß nicht. Ich habe es vergessen. Ich weiß aber, daß es schlimmer ist, ein armes, verwaistes Judenkind zu sein.
– So ist es. Jeder kann das ohne Vorbehalt bestätigen.
– Gibt es noch Schlimmeres?
– Warum nicht? Vielleicht. Es ist schlimm, alt zu sein, aber noch schlimmer, ein alter Jude zu sein.
– Gibt es noch Schlimmeres?

– Oi – oi. Und wenn der alte Jude kein Geld hat?

– Und wenn er kein Geld hat und außerdem noch unbeholfen ist? Ist das schon das Schlimmste?

– Nein. Erst wenn der alte, unbeholfene Jude noch dazu einen Haufen Kinder auf dem Buckel hat, das Herz ihm weh tut und nicht nur das Herz, auch die Beine und der Rücken, und er merkt, wie kraftlos er schon ist.

– Und wenn es kein Jude ist, nur eine Jüdin! Dazu fast 100 Jahre alt, dann ist es noch viel schlimmer.

– Gibt es noch Schlimmeres?

– Warum nicht? Denn wenn dieser Jude oder jene Jüdin einen Haufen eigene Sorgen haben, und wenn dieser Jude oder jene Jüdin Mitglied der Gesellschaft *Hilfe für Waisen* sind und sehen, daß die Zahl der Mitglieder, die Spenden und die Opfergelder immer geringer werden – was dann? Sie kann nicht einmal böse sein, kann nicht schreien. Und dabei weiß jeder, daß es einem sehr hilft, wenn man sich austoben und wütend werden kann.

– Was soll man machen, wenn die Leute kein Geld haben? Ist das das Schlimmste?

– Nein, es gibt noch Schlimmeres.

– Was?

– Wenn ein junger, gesunder, in voller Kraft stehender Jude oder Jüdin Geld haben und spenden könnten, aber nicht wollen, das ist schlimmer als das Schlimmste, das ist wirklich ein großes Unglück. Was sollte man tun? Ich frage, wie man dieses Allerschlimmste verkraften soll?

– Gibt es denn keine Hoffnung, keine Möglichkeit, keine Arznei, keine Hilfe?

– Doch, aber welche?

– Dieser Jude und jene Jüdin glauben an Wunder und glauben an Gott.

– Also sind sie ein wenig verrückt.

– Aber sie begegnen noch braven Juden, sie treffen noch gute jüdische Herzen an, und es gelingt ihnen – nicht gerade im Übermaß, aber immerhin – wenn sie anklopfen, kleine Spenden, längerfristige finanzielle Verpflichtungen oder Sachspenden aufzutreiben. Es gibt sogar Hilfsbereite (ich habe dafür Zeugen), die die Telefonnummer 624-01 anrufen und zu kassieren bitten. Auch solche Leute und solche exzentrischen Ereignisse gibt es.

– Na und?
– Wenn es so ist, was soll man da tun? Ein bißchen philosophieren und ein bißchen scherzen.
– Was, immer nur stöhnen?
– Es gibt noch genug Mutterwitz auf dieser Welt. Sollen sie stöhnen, weinen – und zahlen.
– Jetzt weiß schon jeder, wozu diese ganze Aufmachung ist. Der Winter kommt, die Kasse ist leer – das wünsche ich nicht einmal meinem ärgsten Feind.
– Warum sollte nicht eben jetzt ein Wunder geschehen? Warum sollte das Schlimmste, wobei es doch nichts Schlimmeres gibt, geschehen, daß manche (wie ich schon sagte) nichts spenden, obgleich sie etwas haben und geben könnten und auch sollten?

Und deshalb gibt es keinen Verrückten heute mehr, der Umschau hält, herumhorcht, liest und trotzdem unerschütterlich glaubt und hofft? Das wär's. Unser Verein besteht schon 30 Jahre. Wir bemühen uns um unsere Mitglieder, nehmen Spenden an, quittieren Opfergelder, verschenken Amulette, Talismane, Maskottchen, die langes Leben, Gesundheit, Glück und Erfolg bringen.

Ich lüge nicht. Bitte vertrauen Sie mir. Du sagst, es gibt keine Wunder? Es gibt sie. Heutzutage ist es gut, ein wenig verrückt zu sein.

Wer kann Erzieher werden?

Dies ist eine Erzählung aus dem Ausland. Es gibt dort eine Familie, den Vater Mordechaj, die Mama Rywka, den älteren Bruder Ari, die kleine Tochter Estera, den kleinen Jungen Srulik. Es gibt auch den Großvater Abram; er ist gelähmt und sitzt im Sessel. Morgens gehen alle aus dem Haus, an die Arbeit und in die Schule, die Mama Rywka ging auf den Markt, zu Hause blieb der kleine Srulik mit dem Großvater Abram im Sessel auf Rädern. Der Opa Abram ist 70 Jahre alt. Er sitzt bequem im Sessel, ist schön angezogen; sie haben ihm die frommen Bücher zur Hand gelegt, damit er sie lesen kann. Der kleine Srulik spielt im Zimmer mit dem Ball.

Der Opa Abram will nach dem Buch greifen, die Brille ist ihm hinuntergefallen, er will sie aufheben und kann es nicht. In den nächsten drei Stunden erwartet ihn die Untätigkeit. Eine große Traurigkeit überfällt ihn, und er fängt an zu weinen. Der kleine Srulik läuft im Zimmer herum, und plötzlich hört er das Aufschluchzen des Großvaters.

Er kommt zu ihm heran und sieht, daß er weint, ist erstaunt und fragt: Opa, warum weinst du?

Der Opa antwortet: Ach nichts, heb mir die Brille auf, die mir hinuntergefallen ist. Srulik gibt ihm die Brille, und der Großvater kann wieder lesen. Die Mama kommt vom Markt zurück und der kleine Srulik erzählt ihr erstaunt, daß der Opa geweint habe. Warum? Wenn er es könnte, würde er hinzufügen: – wegen welcher Kleinigkeit.

Seine Schwester Estera kommt aus der Schule, läuft in ihr Zimmer, legt sich aufs Sofa und weint. Die Mama Rywka kommt zu ihr und fragt, was passiert ist. Das Mädchen würgt schluchzend heraus: Sie sagten, ich sei die Königin der Gruppe, jetzt sagen sie, daß ich es nicht bin und zerreißen mir die Hefte. Die Mama tröstet sie: Dummerchen, lohnt es sich wegen einer solchen Dummheit zu weinen?

Der Sohn Ari ist 15 Jahre alt, kehrt mittags nach Hause zurück; sie bitten ihn zum Essen, er kommt nicht, steht auf der Straße, und Tränen stehen in seinen Augen. Der Vater fragt: Warum weinst du? Was ist passiert? Aris Antwort wird vom Schluchzen erschüttert: Ein Mädchen hat mich beleidigt. Sie schaut mich nicht an, sie hört nicht auf meine Worte. Der Vater hört zu und tröstet den Sohn. Welche Dummheit, wegen eines Mädchens zu weinen, du findest eine andere!

Die Mama machte Besuche, kommt verzweifelt zurück: Man hat mir gesagt, daß mein Kleid ein Lappen sei, aber es ist doch mein bestes Kleid, ich habe nichts anzuziehen. Sie erzählt dies unter Tränen.

Mordechaj, ihr Mann, wundert sich: Du weinst wegen eines Kleides! Er kann seiner Frau nicht versprechen, ihr Geld für ein neues zu geben, denn sie sind nicht reich. Andere fahren mit eigenem Auto an ihren Arbeitsplatz. Mordechaj fährt mit dem Bus, welche Schande! Diese Scham füllt seine Augen mit Tränen.

Der Opa Abram wundert sich: Zu meiner Zeit gab es keine Privatautos. Es ist doch nicht schlecht, mit dem Bus zu fahren. Du weinst um ein Auto?

Der kleine Srulik weint, er hat Angst, daß der Teufel hinter der Tür stehen könnte, er ängstigt sich und weint. Die Mama öffnet die Tür und zeigt, daß da niemand steht. Srulik hört nicht auf zu weinen und bittet die Mutter, ihn auf den Arm zu nehmen.

Alle Tränen sind salzig, wer das begreift, kann Kinder erziehen, wer das nicht begreift, kann sie nicht erziehen.

Die Erziehung des Erziehers durch das Kind

Illusorisch und naiv ist die Meinung eines jungen Erziehers, daß er, wenn er auf die Kinder aufpaßt, sie kontrolliert, lehrt, ihnen etwas beibringt, oder sie von etwas abbringt, sie gestaltet, selbst nicht unter dem Einfluß des Milieus, der Umgebung der Kinder steht, erwachsen, standhaft, also unveränderlich ist. Wer die Verantwortung für die Kinder auf sich nimmt und selbst keine kritische Einstellung gegen sich selbst hat, gerät in eine Gefahr, auf die ich aufmerksam machen möchte, um so intensiver, als die berufliche Psychohygiene der Allgemeinheit wenig bekannt ist. Bei seinen Bemühungen um das Verständnis des Menschen – des Kindes und der Gesellschaft – in einer Kindergruppe kommt der Erzieher zu wichtigen und wertvollen Erkenntnissen; wenn er nicht wachsam genug ist und die Selbsterziehung bagatellisiert, scheitert er. Durch das Kind sammle ich Erfahrungen, es hat Einfluß auf meine Anschauungen und auf die Welt meiner Gefühle; vom Kind bekomme ich Anweisungen an mich selbst, ich stelle Anforderungen, ich beschuldige mich, bin nachsichtig oder vergebe. Das Kind lehrt und erzieht. Für den Erzieher ist das Kind das Buch der Natur; indem er es liest, reift er. Man darf das Kind nicht geringschätzen. Es weiß mehr über sich selbst als ich über das Kind. Es befaßt sich mit sich selber in allen Stunden des Wachseins. Ich kann es nur erraten. Deshalb ist es ein Irrtum, wenn ich versuche, seinen Nutzen und seine Mängel einzuschätzen. Es ist faul, unartig, kapriziös, lügt, stiehlt – das ist wenig positiv. Wie ist seine Meinung über sich selbst, sein Verhalten gegenüber der Gruppe und dem Erzieher; was für Erfahrungen hat es gemacht, zu welchem Kraftaufwand und zu welchen Zugeständnissen ist es fähig? Wie lange kann es etwas aushalten? Man darf die Gruppe nicht gering einschätzen. In vielen gibt es besonders kluge, mit Beobachtungsgabe ausgestattete, kritische, wachsame, einseitig erfahrene, ironische, bösartige und sich rächende Kinder.

Bei ihrem Streben nach Verständigung bespricht und diskutiert die Gruppe, ergänzt und tauscht Beobachtungen aus, durchschaut den Erzieher durch und durch. Sie versucht ihn zum Spielball des eigenen Willens zu machen und nützt alle seine Fehler, seine Unentschlossenheit, Schwächen und Laster aus. Sie läßt sich weder umwerben noch betrügen. Sie setzt ihn einer brutalen Untersuchung, einer gewissenhaften Prüfung aus und bewertet ihn gerecht. Entweder vertraut sie ihm oder vertagt ihr Urteil, verschließt sich ihm, verschwört sich gegen ihn, umlauert ihn oder sagt ihm offen den Kampf an. Es steht schlecht um ihn. Er wird von da an nur »Trotz«, »schlechten Einfluß« einzelner Kinder, einen Anschlag auf seine »Autorität« und Aktionen boshafter Vergeltung erleben. Er wird keine Bemerkung über seine Anordnungen und über sich selbst hören, kein: »Sie haben sich geirrt – Sie haben nicht recht«. Aber genau das ist die Stimme des Gewissens für den guten Willen des Erziehers.

Es kommt vor, daß du gleich von Anfang an in eine Atmosphäre feindlichen Mißtrauens gerätst, wenn dein Vorgänger – ein brutaler und ungeschickter Mensch – die Gruppe verbittert und wütend gemacht hat. Hier sind der kurze Befehl und die naive Moralpredigt fehl am Platz. Man muß sich mit Geduld wappnen, durchhalten und mit einer Tat gewinnen.

Die Kinder belehren den Erzieher, aber sie tadeln und strafen ihn auch, sie schließen wieder Frieden, vergessen oder vergeben bewußt, aber rächen sich auch. Sie hetzen einen Hitzköpfigen auf, lachen ihn aus, verdrehen ihm den Kopf und machen ihn rebellisch oder schieben einen Dummkopf vor (deshalb muß ein Unschuldiger so oft leiden). Sie fordern dickköpfig: Sei uns ein Vorbild und – ganz der Hauptforderung jeder Erziehungstheorie entsprechend – gib uns ein Beispiel, nicht mit Worten, sondern mit Taten. Der Erzieher steht vor dem Dilemma: entweder beginnt er die beschwerliche, mühsame und unendliche Arbeit an seiner eigenen Unvollkommenheit, oder er verbannt – was wesentlich bequemer ist – die Theorie. Etwa: Die Bücher lügen und die Theoretiker sind Zechpreller.. Der Schreibtisch des Gelehrten ist nicht das Leben. Mit dem Diplom habe ich Rechte erworben. Jetzt werde ich allein handeln, auf eigene Faust. Oder: Vielleicht geht's auch so, aber nicht bei uns; vielleicht unter anderen Bedingungen; vielleicht bei anderen Kindern. Denn meine sind eine Bande, Meute, Gesindel. Man muß sie scharf anfassen.

Also – Verbote und Einschränkungen. Das eigene Leben wird völlig von ihrem Leben und ihren Erlebnissen isoliert. Nur um der Ordnung willen. Ordnung muß sein – eine eiserne Hausdisziplin. Schon ist der Erzieher nicht mehr der Vertreter der Sache des Kindes, der Verteidiger der Jungen, Kleinen, Schwachen, Seelsorger der Unerfahrenen, sondern ein Wächter, befangener Ankläger, Verwalter, Menschenschinder. Schon ist er nicht mehr Erzieher, sondern Inspektor, Leiter – des Gebäudes, über dessen Kanalisation, Inventar, Kanzlei, ein Magazinverwalter von Hosen und Schuhen. Ich schätze die Verwaltung nicht gering ein, das würde ein unverzeihlicher Fehler sein. Pedantisch, sauber verwalten, damit nichts verschwendet wird. Res sacra. Auch die Kinder müssen verstehen und empfinden, daß du für sie mühsam erwirbst und sparst. Nur dann kannst du als Verwalter strafen, obgleich du als Erzieher vergibst. Wenn der Erzieher den Kontakt zu den Kindern verliert, indem er nur seine Lieblinge, Vertrauten und Faktoren toleriert, weil sie bequem sind, wird er sich dann noch um eine gewissenhafte Verwaltung bemühen, wird das der Mühe wert sein? Wird er sich nicht eher mit jenen verbinden, die die Rechtlosen, Wortlosen und dem Diebstahl Ausgelieferten ausbeuten wollen? Immer nur handeln, wie es am bequemsten ist, ohne Anstrengung, ohne Mühe, mit dem größten Nutzen für sich selbst verbunden: das Inventarbuch und die Disziplin. Dem entspricht die Phrase: Ich hörte die Kinder an und lehre Ordnung; so erziehe ich die künftigen Mitglieder der Gesellschaft.

Den Weg zur Selbsterziehung und zum Kampf gegen dich selbst findest du, junger Erzieher, nur in dir.

Vergebt mir, Kinder

– Sie sollten uns doch nicht mehr unterrichten.

Aus der hintersten Bank kam die Stimme von Adam, der die Klasse zum zweiten Mal machte.

Der Lehrer sagte nichts, sondern schaute Adam nur an.

– Und der neue Lehrer, wird er uns nicht unterrichten?

Der Lehrer sagte nichts, rückte nur seine Brille zurecht. Es war sehr still im Klassenzimmer. Zosia dachte

– Dieser Adam hat vielleicht Nerven. Wie kann man sich nur so benehmen! Viele Kinder dachten, daß der Lehrer sich verletzt fühlen mußte. Interessante Dinge waren geschehen. Sie hatten drei neue Lehrer gehabt. Einen kurz vor den Ferien, dann einen anderen und noch einen. Lauter junge. Der zweite hatte am meisten mit ihnen geredet. Wacek hatte gerade mit dem Ball gespielt. Und der Lehrer sagte:

– He, du, Sportfreund, wo ist deine Schule?

Er sagte nicht »Junge«, sondern »Sportfreund«.

– Gib mir den Ball!

Als er dann kickte – er trat nur einen kleinen Schritt zurück – und den Ball senkrecht in die Luft schoß, dachte Wacek, jetzt sei er weg – er war nicht mehr zu sehen.

Sofort sammelte sich ein Grüppchen an. Sie hatten richtig geraten – ein neuer Lehrer.

Und er, als wäre er schon immer dagewesen, machte Witze, stellte Fragen, war sehr lustig. Wie steht's mit dem Fluß, mit den Pilzen im Wald, wer kann schwimmen? Springen?

– Sie waren doch im Krieg, Herr Lehrer?

– Sicherlich, mein Freund. Und wenn sie mich brauchen, gehe ich wieder.

– Und werden Sie uns unterrichten? – wagte sich Pietrek vor.

– Wir werden sehen.

Er hatte eine Weile vor dem Schulhaus gestanden. Fragte, ob die Mädchen oder die Jungen besser singen könnten und sang selbst etwas. Dann ging er hinein, um mit dem Direktor zu reden, ging durch das Schulhaus, sagte: – Bis bald, Kinder – und verschwand.

Er kam nicht zurück.

Und nun warteten die Kinder darauf, daß ihnen der alte Lehrer alles erklärte. Er sagte jedoch kein Wort. Er hieß sie, ihr Gebet zu sprechen. Da und dort hörte man enttäuschtes Gemurmel.

– Ihr könnt euch setzen.

Aber er selbst setzte sich nicht, sondern stand und blickte zum Fenster hinaus, nicht mehr zu Adam hin. Früher waren sie froh gewesen, wenn er zum Fenster hinaussah, denn wer immer zur Tafel gerufen wurde, konnte mit einer falschen Antwort davon kommen, weil der Lehrer nicht einmal zuhörte. Nun fühlten sie sich beunruhigt. Sie hätten gerne gewußt, warum.

Der Lehrer nahm seine Brille ab, putzte sie, ohne daß es nötig gewesen wäre, und setzte sie wieder auf. Nun würde er sicher etwas sagen. Wenn nur Adam den Mund hielte! Jetzt fängt er an.

– Ruhe, keiner spricht.

Jetzt.

– Also … was wollte ich sagen?

Die Kinder rieten richtig. Er begann.

– Komm hierher, Adam.

Adam zögerte.

– Geh, Adam, geh! Der Herr Lehrer ruft dich.

– So ist es, mein Junge; ich werde euch immer noch unterrichten.

Dieser andere sagte: »Held, Sportfreund.«

– Ja, ich werde weitermachen. Ihr müßt noch etwas warten. Ihr müßt noch ein Jahr Geduld haben. Unsere Schule ist nicht nach dem Geschmack dieser jungen Herren. Sie finden sie zu arm, zu klein, zu eng und zu traurig. Fünf waren hier gewesen.

– Drei.

– Ihr habt nur drei gesehen, weil zwei nicht einmal hereinkamen.

Wahrscheinlich gab es noch mehr. Und ich unterrichtete schon eure Väter in dieser Schule. Erinnert ihr euch, ich habe euch erzählt …

– Glauben Sie, daß wir uns nicht daran erinnern?

Der Lehrer begann, ihnen zu erzählen, was sie schon wußten, aber dieses Mal etwas anders. Er sprach nicht über ganz Polen, über Warschau, Wilna, Posen und Litauen, sondern nur über die Schule. Daß sie alt war, so wie er auch. Daß die Schule bald sterben würde wie ein alter, müder, kranker Großvater. – Jetzt dauert es nicht mehr lange. Es wird einen Ziegelbau geben wie den am Marktplatz in der Stadt. Mit einem Spielplatz bei der Schule. Große Klassenzimmer und hohe Fenster. Schöne Bilder an den Wänden. Sportunterricht, Aufmärsche mit einer Kapelle, eine Schulfahne. Alle Arten von Aufführungen, Vergnügungen, Spiele mit einem großen Ball, wahrscheinlich sogar Scheibenschießen.

– Und eine Schaukel?

– Sicher, eine Schaukel. Filme an der Wand und die Leute in

den Filmen bewegen sich – ganz wie in der Wirklichkeit. Aber es muß dunkel im Zimmer sein, deshalb werden die Fenster Jalousien haben. Und in der Zeitung steht, daß es eine neue Art von Telegraphen gibt, so daß, wenn in Warschau jemand eine Geschichte erzählt, sie durch die Elektrizität überall gehört werden kann. Alles wird es dort geben. Ich weiß, daß ihr beengt seid, unbequem sitzen müßt und woanders gibt es bessere Bänke. Aber das alles kostet eine Menge. Und wir sind noch arm. Und wenn eine Mutter kein Geld hat, dann kann sie nichts für ihr Kind kaufen, wie sehr sie es auch wünschen mag und wieviele Tränen sie darüber vergießen mag. So ist es eben. Niemand will Tränen kaufen, sie nützen niemandem.

Gott allein zählt die Tränen von Vätern und Müttern und von alten Lehrern wie mir und aus diesen Tränen baut Er. Er gab uns die Polnische Schule* und das war härtere, viel härtere Arbeit. Nun werden wir eine neue Schule haben, eine schöne Schule. Sie werden kommen und diese alte Hütte niederreißen und den Schutt und die morschen Regale wegwerfen. Sie werden Stöße von neuen Türen und Fenstern aufschichten, Ziegelsteine auf den Bauplatz bringen und nichts als eine Erinnerung wird von dieser Schule bleiben.

Und ihr werdet Stiefel haben, um im Winter und im Sommer in die Schule zu gehen. Ihr werdet viele Bücher mit schönen Bildern haben. Junge Lehrer, die euch unterrichten und mit euch spielen. Aber, so wie die Dinge liegen, wollen sie nicht; sie sagen: – Was, in dieser alten Hütte? –

Vergebt mir, Kinder, und Du, Adam, mein lieber Junge, vergebt mir, daß wir immer noch arm sind wie eine Familie, in der der Vater lange krank gewesen ist und nun bestürzt um sich blickt, daß er dem Tod entronnen ist, und versucht, sich zu orientieren. Er ist gerade zum ersten Mal aufgestanden, aber er ist noch so schwach, daß sich alles um ihn herum zu drehen scheint, er kann noch nicht alleine stehen und muß sich auf den Arm seines Sohnes stützen ...

Der alte Lehrer legte seinen Arm auf Adams Schulter. Der Junge trat näher an ihn heran und richtete sich auf.

– Und ich möchte, daß ihr Kinder mir verzeiht, daß ihr noch keinen neuen Lehrer habt, einen jungen fröhlichen. Ich werde euch weiter unterrichten. Seid geduldig. Es ist nicht mehr für lange Zeit.

Tränen strömten unter seiner Brille hervor.

In der vollkommenen Stille im Klassenzimmer konnte man Zosia flüstern hören:

– Da siehst du Adam, was Du angerichtet hast!

Und der Lehrer blickte Adam fest in die Augen und fragte:

– Ärgerst Du Dich über mich?

– Warum sollte ich mich ärgern? Überhaupt nicht. Für uns sind Sie ganz in Ordnung, Herr Lehrer.

Ein neues Schuljahr beginnt in einer armen Dorfschule.

Ein vorbildliches Verhältnis

… Das Verhältnis der sogenannten reifen Leute zu Jugendlichen ist, schlicht gesagt, nicht loyal. Wir geben den Kindern mit vollen Händen Rat und Hinweise. Wir sind so erfahren, so klug, nach der Überzeugung der Kinder – allwissend. Wir können vorbeugen, vorsehen, wir machen Prophezeiungen, jeder Situation sind wir gewachsen, wir sind umhüllt vom Nimbus der Autorität. Darum hat die Jugend das Recht zu fordern, daß wir dem Kern ihrer Konflikte und Streitigkeiten mit der Welt und mit sich selbst auf den Grund gehen, daß wir immer für sie da sind und ihr wachsam mit Rat und Tat zur Seite stehen. Und siehe da, zu ihrem Erstaunen und Bedauern muß sie sich davon überzeugen, daß wir vortäuschen, nichts bemerkt zu haben oder daß wir uns feige abwenden und darüber hinweggehen. Dafür mischen wir uns desto lästiger in Kleinigkeiten ein und geben Befehle, ihre materielle Abhängigkeit dabei ausnützend, das einzige, was ihr noch geblieben ist.

In wichtigen Angelegenheiten handeln wir allein. Wir müssen mit uns selbst zu Rate gehen, uns schützen und verteidigen. Eure Fürsorge ist vorgetäuscht, Euer Handeln – lächerlich. Wir machen, was wir wollen, Ihr täuscht nur vor, auf uns aufzupassen. »Überall darf man, nur im Internat nicht« (Erinnerung aus der Karnevalsvorstellung des Internats).

Es ist nicht die Schuld der Erwachsenen, daß sie nicht wissen und nicht können, ihre Schuld liegt darin, daß sie dies vor den Kindern verschweigen. Im Angesicht des Alls, seiner Geheimnisse und ehernen Gesetze, die in ihm herrschen, sind wir wie die Kinder gleich hilflos, bekümmert und unwichtig. Wenn wir die Kinder nicht täuschen, nicht betrügen würden, durch unsere Macht nicht irreführen, sie würden viel eher verstehen, was die Jugend sonst nur erraten kann.

Vernünftig und zweckmäßig ist die katholische Beichte. Das geheimnisvolle Sichoffenbaren nimmt nicht der Mensch, der Kaplan ab, sondern ein Abstraktum – das Gewissen. Dem Leben fern, nicht verpflichtet, praktischen Rat zu erteilen, auch nicht, wie man Versuchungen und Bösem widerstehen soll, erteilt er milde Buße und vergibt die Sünden. Sein Verständnis für die unvollkommene Natur des Menschen, das ihm durch die Allmacht Gottes gegeben ist, bringt Erleichterung, bereitet auf neue Kämpfe vor und auf ein besseres Morgen.

Der tägliche Kampf um Kleinigkeiten verringert die Autorität der Erwachsenen – in den Augen der Jugend, stempelt sie zu nörgelnden und aufdringlichen Vertretern von Angelegenheiten, irgendwelchen Ansprüchen, diesen unwichtigen, deren Berichtigung sich gar nicht lohnt. Also heißt es, auszuweichen, zu verschweigen und nur tief im eigenen Bewußtsein zu steuern und zu korrigieren.

Neujahr

Ich habe einen Jungen gekannt, der sich immer sehr freute, wenn er in einem neuen Heft zu schreiben begann.

– Oh, jetzt werde ich mir Mühe geben – sagte der Junge. Und er schrieb auf der ersten Seite sehr ordentlich, manchmal auch noch auf der zweiten. Wenn er einen Fehler gemacht hatte, riß er die erste Seite heraus, denn er wollte, daß das neue Heft schön und sauber aussah.

Aber nach einer Woche war das Heft nicht mehr neu, und er fing an, darin herumzuschmieren und unordentlich damit umzugehen; er hat es übel zugerichtet.

Ich habe ein Mädchen gekannt, das sich immer sehr freute, wenn es ein neues Kleid anziehen konnte.

– Oh, jetzt werde ich mir Mühe geben – sagte das Mädchen. Und es hat sehr aufgepaßt, das Kleid nicht zu beflecken.

Aber der erste Fleck kam bald, und das Mädchen hat ihr Kleid nun nicht mehr geschont.

Ich habe viele Leute gekannt, die sich sehr auf das neue Jahr freuten.

– Jetzt haben wir ein neues Jahr vor uns. Ich habe mir vorgenommen, fleißig, klug und ordentlich zu sein.

Aber Neujahr ist nur ein Tag. Davon gibt es jedoch dreihundertfünfundsechzig im Jahr. Der Januar allein hat einunddreißig Tage. Und sie sagten einmal:

– Dies ist ein neues Jahr. Wir müssen uns bessern.

Und wenn ihnen etwas nicht gelingt, dann lohnt sich die Mühe nicht mehr.

Wieder muß man auf irgend etwas Neues warten.

Es gibt auch Vorsichtige, die alles auf die neue Woche verschieben. Ab Montag werde ich lernen, werde ich mir Mühe geben, mit Beginn der neuen Woche.

Das ist auch kein Weg.

Ein kluger Mensch weiß, daß ihm immer etwas nicht gelingen wird. Er möchte etwas Gutes leisten, aber es mißlingt und geht anders aus als er dachte. Er weiß, daß man auf nichts Neues warten darf, weder auf ein neues Heft, noch auf ein neues Kleid, noch auf ein neues Jahr oder eine neue Woche; er verbessert gleich, was man verbessern kann; und wenn man nicht mehr verbessern kann, wird er nicht mutlos sondern vorsichtiger und bemüht sich, nichts aufzuschieben oder abzuwarten – wozu auch?

Wenn jemand meint, daß ich nicht die Wahrheit sage, soll er seine Hefte herausholen und nachsehen, wie er auf der ersten Seite und auf der zehnten geschrieben hat. Wenn er auf der zehnten Seite genauso ordentlich geschrieben hat wie auf der ersten, dann bedeutet dies, daß er nicht zu denen gehört, die nur einmal im Jahr – zu Neujahr – sich anstrengen. Wer im alten Heft ordentlich schreibt und das alte Kleid schont, der hat einen starken Willen, der wird mal ein mutiger und gegen sich harter Mensch sein.

Ein tapferer Soldat liebt seinen Degen und sein Gewehr eben deshalb, weil er sie schon lange hat.

Eine fromme Frau liebt ihr altes Gebetbuch mehr als ein neues.

Und ich kannte einen Schüler, der drei Jahre dieselbe Feder benutzte und sagte, es wäre die beste Feder der Welt.

Ludwik Paster*

In einem Städtchen in Frankreich lebte ein armer Handwerker. Es ist schon lange her. Er wohnte, arbeitete und sonst nichts. Er fühlte sich aber einsam, er heiratete die Tochter eines Gärtners. Und sie wohnten zusammen. Dann haben sie ein Kind bekommen, aber es ist gestorben. Sie grämten sich sehr.

Aber danach hatten sie noch vier Kinder: drei Mädchen und einen Jungen. Dieser Junge ist am Freitag, dem 27. Dezember 1822 um 2 Uhr in der Nacht geboren (vor 100 Jahren). Als die Eltern mit dem Knaben gegangen sind, um die Geburtsurkunde ausstellen zu lassen, hatte keiner etwas gewußt, und es ging keinen was an. Sie haben geschrieben, daß der Vater Jan-Józef heißt, daß ihm ein Junge geboren wurde, der Ludwik heißen soll. Die Zeugen haben unterschrieben. Und das ist alles. Wer wird sich ein graues Haar um einen Knaben wachsen lassen, der nur die Brust saugt und schreit.

Und die Eltern haben sich gefreut, daß der kleine Louis größer geworden ist. Er wächst und wächst. jetzt erzählt ihm der Vater, wie er unter Napoleon gedient hat, und der Junge hört zu. Er hat gern gemalt. Der Vater ließ ihn in die Schule gehen und am Abend schaut er, ob er die Aufgaben gut gemacht hat. Aber in der Nähe gab es einen kleinen Fluß, so hat der kleine Louis lieber mit anderen Jungen geangelt oder gemalt. Er ist nur zornig geworden, als die Jungen die Vogelnester zerstört haben. In der Schule ist er ruhig gewesen, nur zu viele Fragen hat er gestellt, so daß sich der Lehrer oft geärgert hat, daß er zu viel wissen will. Der Lehrer hat nicht geahnt, daß Louis alles genau wissen will und daß er müde wird, wenn er etwas nicht versteht. Louis malt und malt, und die Nachbarn sagen, daß er Maler wird und raten, ihn weiter in die Schule zu schicken. Er soll in eine große Stadt fahren, in die Hauptstadt, nach Paris. Als Louis älter geworden ist, hat er Lust am Bücherlesen bekommen.

Der Vater hatte Angst, den einzigen Sohn weit weg zu schik-ken, aber da der Nachbar seinen Sohn auch schickte, war er schließlich einverstanden. Just dieser Tag war häßlich. Es regnete und schneite, man mußte mit der Britschka fahren, denn es hat noch keine Bahn gegeben. Und der Versuch ist nicht gelungen. Louis hatte Heimweh und wollte zurück. Er war noch zu klein, und der Vater nahm ihn nach Hause zurück. Und Louis malt, und alle erzählen, daß er Maler wird. Es sollte aber ganz anders kommen.

Louis ist auf die höhere Schule gegangen, wo es einen sehr guten Lehrer gab, der gesehen hat, daß der Junge gern arbeitet, nur jung ist und nicht gut weiß, womit er anfangen soll. Louis hat einmal in einem Brief geschrieben:

»Wenn der Mensch einmal mit dem Lernen anfängt, dann kann er ohne es nicht leben.«

Nicht alles hat dem Jungen gleichermaßen gefallen. In Naturkunde hatte er sehr gute Noten, als er die Schule beendete, und in Geschichte und Geographie nur genügend.

Als Louis Pasteur 18 war, wurde er selbst Lehrer. Seine Schüler haben ihn gern gehabt; er lehrte nicht nur die jüngeren, er selbst las verschiedene Bücher, und in den Briefen schrieb er immer wieder von Büchern, die ihm am besten gefielen. Am meisten hat er sich gefreut, daß er ein eigenes Zimmer hat und ihn dort keiner stören kann.

In den Büchern gibt es viele Dinge, die man schwer verstehen kann. Pasteur wollte die schwierigsten Bücher lesen, und er wollte alles gut verstehen. Und er ist zum zweiten Mal nach Paris gefahren. Er war so arm, daß er den ganzen Winter lang nur zweimal den Ofen geheizt hat.

Er lernte und arbeitete. Das ganze Leben lang lernte und arbeitete er. Er ist so berühmt geworden wie kein König oder ruhmreicher Feldherr in der Welt.

Es gibt in Paris die Pasteur-Straße, das Pasteur-Krankenhaus, ganz aus Glas und Stahl, es gibt das Pasteur-Institut, wo nur große Wissenschaftler arbeiten dürfen. Und alle Franzosen lieben ihn, obwohl er nicht mehr lebt. In Warschau haben wir auch eine Straße, die seinen Namen trägt. Es gibt in der Welt kein wissenschaftliches Buch über die Behandlung der Krankheiten, wo nicht geschrieben steht, daß Pasteur groß und gelehrt war. Jetzt weiß die ganze Welt, daß es sehr, sehr bedeutungsvoll gewesen war, als 1822 in einer kleinen Stadt dieser kleine Knabe geboren wurde.

Was hat Louis Pasteur getan, daß ihn alle so loben? Pasteur hat der ganzen Welt eine wichtige Sache beigebracht, und jetzt weiß schon jeder, daß es so ist, also scheint sie einfach und leicht zu sein. Aber Pasteur war der erste und man hat ihm nicht geglaubt. Sie haben ihn ausgelacht und mit ihm gestritten. Es ist aber furchtbar unangenehm, wenn man die Wahrheit sagt und keiner daran glauben will und man ihn noch dazu auslacht.

Pasteur hat als erster gesagt, daß es sehr kleine Würmchen gibt, die man nicht einmal sehen kann und daß durch diese Würmchen Geschwüre und verschiedene Krankheiten entstehen. Man muß also saubere Hände haben, gekochtes Wasser trinken und die Fenster öffnen, daß es gute Luft gibt und daß man lange leben kann, ohne krank zu werden. Und die Doktoren haben sich über ihn lustig gemacht, sie sagten, daß er eingebildet ist, daß er andere lehren will und selber nichts versteht. Sie haben ihn einen Bierbrauer geschimpft. Pasteur war kein Doktor, nur Naturwissenschaftler, und diese Bakterien hatte er zum ersten Mal gesehen, als sie Wein gemacht haben. Zum Trotz haben sie ihn so geschimpft.

Jeder andere würde sich beleidigt fühlen und sagen: »Wollt ihr nicht glauben, dann eben nicht.« Pasteur hat sich nicht beleidigt gefühlt, denn es tat ihm leid, daß Menschen durch Bakterien sterben und es so viele Waisen gibt. Am meisten machte er sich Sorgen, daß ihm keiner helfen will und daß er sieht, daß alles nicht so ist, wie es ihm dünkt.

Man kann sauber sein und trotzdem Geschwüre haben, denn nicht alle Krankheiten stammen von den Bakterien, von diesen kleinen Würmchen.

Seit dieser Zeit arbeiten bereits einhunderttausend Gelehrte und verschiedene Doktoren und sie entdecken immer wieder etwas Neues und sehen, daß es wahr war. Er war allein, der erste, und er konnte also nicht alles erklären.

Pasteur hat viel gelitten, bevor manche schließlich zugegeben haben, daß er etwas Recht hatte. Wie konnten sie ihn einen Dummkopf nennen, als sie gesehen haben, daß er wirklich hilft? Früher ist fast jeder gestorben, wenn ihn ein toller Hund gebissen hat. Und Pasteur hat einen Weg gefunden, zu heilen. Einst sind die Menschen fast nach jeder Operation gestorben, oder sie sind lange krank gewesen; später passierte es seltener, denn die Doktoren haben sich die Hände gut gewaschen und die Messer und Verbände im Wasser gekocht. Auch wenn es solche gegeben hat, die daran geglaubt haben, gab es auch andere, die ihn aus Neid noch mehr gepeinigt haben, oder nur so.

– Wenn du so klug bist, dann sage, warum dies, warum jenes?

– Ich weiß es noch nicht – sagt Pasteur.

Als ob ein Mensch alles wissen könnte. Pasteur war ein großer Gelehrter, aber kein Heiliger.

Aber auch später, als alle gewußt haben, daß es winzige Bakterien gibt, aus denen ansteckende Krankheiten entstehen, wurde ein Doktor eigensinnig und sagte:

– Also gut: Ich esse mich satt an diesen Würmchen, euren Bakterien und ihr werdet sehen, ich bleibe gesund.

– Mach es nicht, sonst erkrankst du an Cholera.

Er ist aber eigensinnig gewesen und hat das Wasser mit den cholerischen Bakterien ausgetrunken, und nichts.

– Wer hat Recht? – lacht er.

Und sie haben es damals gewußt, da ihnen Pasteur es beigebracht hat, dann sagen sie also:

– Du bist nicht krank geworden, da du einen starken, gesunden Magen hast.

– Dann verderbe ich mir den Magen, ich werde verdorbene Wurst essen, und wenn ich Bauchschmerzen bekomme, werde ich dieses cholerische Wasser trinken.

So hat er es auch gemacht – und er erkrankte an Cholera und ist gestorben.

Jetzt wissen schon alle, daß es Bakterien gibt; jetzt wissen alle, was man machen muß, um sich vor verschiedenen ansteckenden Krankheiten zu schützen. Jeder Doktor und jeder Kranke weiß, wieviel Nutzen der berühmte große Gelehrte Louis Pasteur den Menschen gebracht hat.

Pasteur hat Kinder sehr gern gehabt. Und er sagte einmal:

»Wenn ich mich einem Kind nähere, überkommen mich zwei Gefühle: Wehmut für das, was es heute ist und Hochachtung, was es werden kann.«

Pasteur erinnerte sich, als er dieses sagte, gewiß daran, daß er als kleiner Junge lieber angeln wollte als lernen; daß er gemalt und nicht gewußt hat, was er werden wird, wenn er groß wird, daß er viele Fragen gestellt hat, da er alles gut verstehen wollte, und spät mit dem Lernen angefangen hat und ohne es nicht mehr leben konnte.

Tatsachenbilanz

Wie jedes Jahr verlassen die ältesten Zöglinge nach Schulabschluß das »Waisenhaus«, und neue werden aufgenommen. Wie in jedem Jahr gibt es unter ihnen hilfsbereite, solche, die nicht stören, aber auch solche, die sich selbst und anderen lästig sind. Um ins Gleichgewicht zu gelangen, benötigen sie viel Zeit, Fürsorge und Verständnis. Sie sind gesund, schwach, kränklich, fröhlich, grollend, arbeitsam und faul, mit dem Lebensrhythmus vertraut, mit Gespür für die Gemeinschaft oder sie leisten Widerstand. Sorge, Mühe aber auch Freude erfüllen den Tag eines Erziehers. – Eine ausgeglichene Bilanz.

Wie in jedem Jahr bemühen sich der Vorstand und die Kommissionen, Ausgaben und Einnahmen miteinander aufgehen zu lassen, die Zahl der gutgesinnten Mäzene zu vergrößern, mit einer gelungenen Veranstaltung die Defizite zu decken – für die Zusammenarbeit neue, junge Kräfte zu gewinnen, um (ein wichtiger Punkt der Besprechungen) Arbeitsplätze für die entlassenen Zöglinge zu beschaffen, um so Hilfe für Notfälle zu leisten. – Ein Jahr ohne Defizit.

Aber wenn wir von dem was war, absehen, allgemeine Probleme ansprechen und zukunftsbezogene Fragen stellen wollen, wenn man nicht mit Phrasen und Ausreden kommen möchte sondern gründlich den Tatsachen zuleibe rückt und Lösungen sucht, wird man ängstlich. Manche Bereiche der erzieherischen Arbeit reagieren empfindlich auf Verschlossenheit und Unaufrichtigkeit, und es fällt schwer, diese Bereiche im richtigen Augenblick in sichere Hände zu legen. Schnell wird zerstört, aber nur langsam wieder aufgebaut.

Man sagt: Wir haben eine Krise der Moral. Andere nennen dies Inflation und Entwertung des Menschen. Vielleicht ist es das nicht, sondern nur eine vorübergehende, drohende Brise. Eine drohende, denn das Fundament der Waisenfürsorge und jeder Erziehung ist der Glaube an den Wert und die Würde des Menschen und der Menschheit.

Der Abschied

Wir verabschieden alle die, die schon unser Heim verließen oder in nächster Zeit für immer fortgehen, um nicht mehr wiederzukommen.

Wir nehmen Abschied von ihnen für ihre lange und weite Reise. Diese Reise hat einen Namen – das Leben.

Viele Male dachten wir darüber nach, wie wir sie verabschieden sollen, welchen Rat wir erteilen.
Leider sind Worte arm und schwach.
Wir geben Euch nichts.

Wir geben Euch keinen Gott, denn Ihr müßt ihn selbst in der eigenen Seele suchen, im einsamen Kampf.

Wir geben Euch kein Vaterland, denn Ihr müßt es durch eigene Anstrengung Eures Herzens und durch Nachdenken finden.

Wir geben Euch keine Menschenliebe, denn es gibt keine Liebe ohne Vergebung, und vergeben ist mühselig, eine Strapaze, die jeder selbst auf sich nehmen muß.

Wir geben Euch eins: Sehnsucht nach einem besseren Leben, welches es nicht gibt, aber doch einmal geben wird, ein Leben der Wahrheit und Gerechtigkeit.
Vielleicht wird Euch diese Sehnsucht zu Gott, zum Vaterland und zur Liebe führen.

Lebt wohl, vergeßt es nicht.

Biogramm
Janusz Korczak

1878 (1879?) Am 22.7. als Henryk Goldszmit in Warschau geboren. Sohn des Advokaten József Goldszmit und
seiner Ehefrau Cecylia, geb. Gębicka.

1896 Erste humoristische und satirische Texte in der
Zeitschrift *Kolce* (Stacheln).

1898 Mitarbeiter an vielen Warschauer Zeitungen und
Zeitschriften unterschiedlicher Couleur, u.a. etwa
200 Beiträge in der Wochenschrift für die polnischen Familien *Czytelnia dla Wszystkich* (Leihbi-
bliothek für alle).

1898–1905 Studium der Medizin an der Kaiserlichen Universität in Warschau.

1901 »Roman« *Kinder der Straße* (Dzieci ulicy).

1902 Autor fast sämtlicher Feuilletons in der satirischen
Zeitschrift *Kolce* (Stacheln).

1904 Zusammenarbeit mit der Zeitschrift *Głos* (Die
Stimme).

1904/07/08 Ärztliche und pädagogische Betreuung bedürfti-
ger Kinder in den *Sommerkolonien.*

1904/05 Militärarzt im russisch-japanischen Krieg.

1905 Arzt im *Berson-Bauman-Kinder-Spital* in Warschau.

1906 »Roman« *Das Salonkind* (Dziecko salonu).

1907/08 Mehrmonatiger wissenschaftlicher Aufenthalt in
Berlin, u. a. im *Kaiser und Kaiserin-Friedrich-Kin-
derkrankenhaus.*

1910 Besuch von Krankenanstalten in Paris.

1911 Studienaufenthalt in London.

1912 Übernahme des *Dom Sierot* (Waisenhaus) in der
Warschauer Krochmalna 92.

1914/18	Teilnahme am I. Weltkrieg als Militärarzt in der russischen Armee.
1919	Arzt in der polnischen Armee im polnisch-sowjetischen Krieg, Seuchenlazarett in Łódź.
1919	Erster Teil der Tetralogie *Wie liebt man ein Kind* (Jak kochać dziecko).
1922	*Allein mit Gott* (Sam na sam z Bogiem).
1923	*König Maciuś I.* (Król Maciuś Pierwszy), *König Maciuś auf der einsamen Insel* (Król Maciuś na wyspie bezludnej).
1926	Gründung der Zeitschrift von Kindern für Kinder *Kleine Rundschau* (Mały Przegląd), Wochenbeilage der Zeitung *Unsere Rundschau* (Nasz Przegląd).
1927	In Berlin, Verlag Rudolf Mosse, erscheint in Esperanto die Sammlung *Bonhumoraj Rakontoj* (Fröhliche Geschichten).
1929	*Das Recht des Kindes auf Achtung* (Prawo dziecka do szacunku).
1931	Uraufführung der Humoreske *Senat der Verrückten* (Senat szaleńców) im Warschauer Theater *Ateneum*.
1934	*Plaudereien des Alten Doktors* im polnischen Rundfunk.
1934	Erste Reise nach Palästina
1935	*Der Bankrott des kleinen Jack* (Bankructwo małego Dżeka) erscheint in deutscher Übersetzung im Verlag Williams & Co., Berlin.
1936	Zweite Reise nach Palästina
1937	Auszeichnung mit dem *Goldenen Lorbeer der Polnischen Akademie der Literatur* (PAL).
1939	*Fröhliche Pädagogik* (Pedagogika żartobliwa).
1940	Räumung des Waisenhauses in der Krochmalna 92 und Übersiedlung ins Ghetto Warschau.
1942	*Tagebuch* (Pamiętnik). Ermordung Korczaks und seiner Kinder im Vernichtungslager Treblinka in den ersten Augusttagen (5.8.?).

1972	Janusz Korczak erhält posthum den *Friedenspreis des Deutschen Buchhandels*.
1977	Gründung der *Deutschen Korczak-Gesellschaft e. V.* in Gießen.
1978	Gründung der *Internationalen Janusz-Korczak-Gesellschaft* mit Sitz in Warschau.
1996	*Sämtliche Werke* von Janusz Korczak erscheinen in einer 16-bändigen Ausgabe im Gütersloher Verlagshaus.

Anmerkungen

Seite 16   Janusz Korczak: *Sämtliche Werke*. Bd. 5, Gütersloh 1997.

Seite 37   John Ruskin (1819-1900), englischer Schriftsteller und Sozialreformer.

Seite 49   Johannes Sturm (1507-1589), deutscher Pädagoge, Rektor des berühmten humanistischen Gymnasiums in Straßburg.

Seite 50   – Robert Herbert Quick (1831-1891), englischer Pädagoge, Professor für Geschichte der Erziehung in Cambridge.

            – Michel de Montaigne (1553-1592), französischer Philosoph, Pädagoge, Moralist. Verfasser der weltberühmten *Essais*.

            – Wolfgang Ratke (Ratichius) (1571-1635), deutscher »Didacticus«, bekannt durch das »Memorial« von 1612.

Seite 54   Kazimierz Brodziński (1791-1835), Dichter und bedeutender Übersetzer dt. Literatur, Professor an der Warschauer Universität.

Seite 55   – Tadeusz Czacki (1765-1813), Gründer des Gymnasiums von Krzemieniec als Zentrum der polnischen Sprache und Kultur.

            – Florian Łagowski (1834-1909), polnischer Pädagoge und Publizist, Redakteur der *Pädagogische Rundschau* (Przegląd Pedagogiczny).

Seite 56   Jules Simon (1814-1896), französischer Schriftsteller und Politiker, 1876/77 Ministerpräsident.

Seite 59   Gemeint ist der Burenkrieg 1899-1902.

Seite 68   Maryna Falska = Maria Rogowska-Falska (1878-1944), ab 1919 Leiterin des *Nasz Dom* (Unser Haus) in Warschau.

Seite 74   Gemeint ist der polnisch-sowjetische Krieg 1919-1920.

Seite 75   Maria Konopnicka (1842-1910), populäre Autorin von Novellen, Kinderbüchern und Gedichten.

Seite 83   Wacław Berent (1873-1940), Stanisław Brzozowski (1878-1911), Kazimierz Wierzyński (1894-1969), polnische Schriftsteller, zeitweise der literarischen Bewegung *Das Junge Polen* und der »Skamander«-Gruppe zugehörig.

Seite 87   Jan III. Sobieski (1629-1696), König von Polen.

Seite 95   – Zygmunt Krasiński (1812-1859), polnischer Schriftsteller der Romantik, bekanntestes Werk: *Die Ungöttliche Komödie*.

            – Adam Mickiewicz (1798-1855), Nationaldichter Polens, berühmtestes Werk: *Pan Tadeusz*.

Seite 110   Gemeint ist die Polnische Schule während der russischen Herrschaft vor dem 1. Weltkrieg.

Seite 114   Im Originaltext wird zum Titel folgende Bemerkung gemacht: »Französisch wird *Pasteur* geschrieben, aber in der Aussprache klingt es wie polnisch *Paster*.«

Quellennachweis

Übersetzungen: Ilse Renate Wompel außer S. 107-111. Dieser Text ist aus dem Englischen übertragen von Barbara Bayer-Faber. Siehe *Selected works of Janusz Korczak*, hg. von Martin Wolins, Warsaw 1967, S.561 ff. Die Texte S. 74-95 und S. 114-118 sind eine Übernahme der Neuübersetzung aus:

Korczak, Janusz: *Sämtliche Werke*, Bände 5 (Gütersloh 1997) und 8 (Gütersloh 1999). Ilse Renate Wompel / Joanna Krause übersetzten S. 74-95, Zenon Weigt S. 114-118.

Das Gedicht von Anna Kamieńska *Die Lüge des Doktor Korczak* in der Übertragung von Karl Dedecius wurde den *Korczak-Blätter,* Nr. 1, Gießen 1977, der *Deutschen Korczak-Gesellschaft* e.V. entnommen.

Die Leitsätze der 3 Abteilungen sind Korczak-Texten angelehnt, die Titel einzelner Artikel neu formuliert, da die Texte aus dem ursprünglichen Zusammenhang herausgenommen wurden.

Herkunft der Zitate zu den Leitsätzen:

Die Kindheit ist das gemeinsame Schicksal aller Kinder
Die verbrecherische Strafe (*Występna kara*). Aus: *Opieka nad Dzieckiem* (Kinderfürsorge), Warszawa 1923, Nr. 2.

Brief des Fräulein Fejga (*List panny Fejgi*). Aus: *Folks-Sztyme*, Warszawa, Ausgabe vom 3.6.1978.

Die verbrecherische Strafe (*Występna kara.*). Aus: *Opieka nad Dzieckiem* (Kinderfürsorge), Warszawa 1923, Nr. 2.

Wo habt ihr eure Krallen, eure Hauer?
Die Stunde des Unglaubens (*Godzina niewiary*). Aus: *Przegląd Społeczny* (Soziale Rundschau), Warszawa 1907, Nr. 27.

Bilder aus dem Spital XV. (*Obrazki szpitalne XV*). Aus: *Wiedza* (Wissen), Wilno 1909, Nr. 20.

Berichtigung irriger Ansichten (*Prostowanie mylnych poglądów*). Aus: *Folks-Sztyme*, Warszawa, Ausgabe vom 20.5.1978.

Habt die weiße Taube Eurer Sehnsucht lieb!
Die Stunde des Unglaubens (*Godzina niewiary*). Aus: *Przegląd Społeczny* (Soziale Rundschau), Warszawa 1907, Nr. 28.

Verzeichnis der Originaltitel

Ein kleines Weinen: Bleistiftnotiz auf einem Zettel ohne Datum (*Notatka na kartce bez daty ołówkiem*). Aus *Fołks-Sztyme*, Warszawa, Ausgabe vom 26.3.1977.

Ein Gespräch: Gespräch mit einem kleinen Zeitungsjungen *Rozmowa z małym gazeciarzem*). Aus *Głos* (Die Stimme), Warszawa 1904, Nr. 42.

Einst waren sie Kinder: Kinder und Erziehung (*Dzieci i wychowanie*). Aus: *Wędrowiec* (Der Wanderer), Warszawa 1900, Nr. l.

Resignation: (*Rezygnacja*). Aus: *Fołks-Sztyme*, Warszawa, Ausgabe vom 22.7.1978.

Illusionen: (*Iluzje*). Aus *Fołks-Sztyme*, Warszawa, Ausgabe vom 20.5.1978.

Das jüdische Kind: (*Dziecko żydowskie*). Aus: *Miesięcznik Żydowski* (Jüdische Monatsschrift), Warszawa 1933, Nr. 3.

Gegen das Kinderelend: Krippe. Hort (*Żłobek. Ochrona*). Aus *Przegląd Społeczny* (Soziale Rundschau), Warszawa 1907, Nr. 33.

Kummer der Schulzeit: Kinder und Erziehung (*Dzieci i wychowanie*). Aus: *Wędrowiec* (Der Wanderer), Warszawa 1900, Nr. 10.

Was hat uns das Wissen gegeben?: Kinder und Erziehung (*Dzieci i wychowanie*). Aus: *Wędrowiec* (Der Wanderer), Warszawa 1900, Nr. 30.

Die zeitgenössische Schule: (*Szkoła współczesna*). Aus: *Głos* (Die Stimme), Warszawa 1905, Nr. 19.

Solidarität: (*Solidarność*). Aus: *Fołks-Sztyme*, Warszawa, Ausgabe vom 24.6.1978.

Ein Dieb: (*Złodziej*). Aus: *Przegląd Społeczny* (Soziale Rundschau), Warszawa 1907, Nr. 19.

Das Kinderparlament: Parlament und Gericht (*Sejm i sąd*). Aus: *W Słońcu* (In der Sonne), Warszawa 1921, Nr. 1-2.

Der Frühling und das Kind: (*Wiosna i dziecko*), Warszawa 1921.

Die Stunde des Glaubens: (*Godzina wiary*). Aus: *Przegląd Społeczny* (Soziale Rundschau), Warszawa 1907, Nr. 40.

Das Schlimmste: Reflexion (*Refleksje*). Aus: *Fołks-Sztyme*, Warszawa, Ausgabe vom 26.3.1977.

Wer kann Erzieher werden?: (*Kto może być wychowawcą*). Aus: *Fołks-Sztyme*, Warszawa, Ausgabe vom 9.9.1978.

Die Erziehung des Erziehers durch das Kind: (*Wychowanie wychowawcy przez dziecko*). Aus: *Szkoła Specjalna* (Sonderschule), Warszawa 1926, Nr. 2.

Vergebt mir, Kinder: (*Przepraszam was, dzieci*). Aus: *W Słońcu* (In der Sonne), Warszawa 1924, Nr. 11-12. Hier Übersetzung nach der englischen Fassung aus: *Selected works of Janusz Korczak*. Hg. Martin Wolins, Warszawa 1967.

Ein vorbildliches Verhältnis: Berichtigung irriger Ansichten (*Prostowanie mylnych poglądów*). Aus: *Fołks-Sztyme*, Warszawa, Ausgabe vom 20.5.1978.

Neujahr: (*Nowy Rok*). Aus: W. Słońcu (In der Sonne), Warszawa 1922, Nr. 1–2.

Louis Pasteur (*Ludwik Paster*): Aus: *W Słońcu* (In der Sonne), Warszawa 1923, Nr. 1–2.

Tatsachenbilanz: Bilanz der Fakten (*Bilans faktów*). Aus: *Folks-Sztyme*, Warszawa, Ausgabe vom 26.3.1977.

Der Abschied: (*Pożegnanie*). Aus: *W Słońcu* (In der Sonne), Warszawa 1919. Nr. 12.